Entrena tu éxito

Entrena tu éxito

30 habilidades en 30 días
para acelerar tus objetivos

JUDIT CATALÀ RAMOS

conecta

Los libros de Conecta están disponibles para promociones y compras
por parte de empresas, con condiciones particulares para grandes cantidades.
Existe también la posibilidad de crear ediciones especiales, incluidas con
cubierta personalizada y logotipos corporativos, para determinadas ocasiones.

Para más información, póngase en contacto con:
edicionesespeciales@penguinrandomhouse.com

Papel certificado por el Forest Stewardship Council®

Primera edición: febrero de 2022

© 2022, Judit Català Ramos
© 2022, Penguin Random House Grupo Editorial, S. A. U.
Travessera de Gràcia, 47-49. 08021 Barcelona

Printed in Spain — Impreso en España

ISBN: 978-84-17992-42-2
Depósito legal: B-18.919-2021

Compuesto en M. I. Maquetación, S. L.

Impreso en Black Print CPI Ibérica
Sant Andreu de la Barca (Barcelona)

CN 9 2 4 2 2

Dedicado a Luca. Tú y este libro, gestados a la vez,
sois la prueba de que los sueños se cumplen.
¡Nunca dejes de soñar!

Índice

Habilidades intrapersonales

Habilidades interpersonales

Habilidades financieras/profesionales

Prólogo

Como Judit dice en la introducción, este libro no contiene fórmulas mágicas para conseguir resultados milagrosos. No te revolucionará la vida solo por dedicarle unas horas de tu tiempo. Ni siquiera incluye lecciones que nunca hayas escuchado. Pero... será eficaz.

Un día me pidieron escribir el prólogo para el último libro (en aquel entonces) de Tony Robbins. Decidí hacer algo insólito: describir con diez máximas qué representaba ese libro para mí. Hoy repetiré la fórmula con nuestra querida Judit y su *Entrena tu éxito*.

Aquí las pongo por escrito, ordenadas de la décima a la primera:

10. Todos tenemos las semillas del éxito. La diferencia está en que solo algunos deciden regarlas.
9. El éxito de los que mejoran el mundo no se mide por todo lo que les queda por resolver, sino por todo lo que ya han resuelto.

8. No permitas que si talar un árbol requiere de diez hachazos, los nueve primeros parezcan una auténtica pérdida de tiempo.

7. Siéntete agradecido por tu próxima crisis. Dentro de un año serás el doble de grande y el triple de fuerte gracias a ella.

6. Todos tenemos el «Sí» a nuestro alcance, pero solo algunos lo eligen.

5. Si no has comprado un paraguas cuando hacía sol, no te quejes cuando te moje la lluvia.

4. Aprende a calcular no solo el precio menor de dar un paso, sino el precio mayor de no darlo.

3. Tener concreción no es una garantía para alcanzar el éxito, pero carecer de ella sí es una garantía para no alcanzarlo.

2. Lo que haces mal es un océano y lo que haces bien es una piscina. El éxito no está en mejorar el océano, sino en explotar tu piscina.

Y la última (sí, Judit, es un piropo para ti):

1. En el mundo hay dos tipos de personas: las que disfrutan debatiendo sobre problemas y las que disfrutan arreglándolos.

Querido lector y querida lectora, te invito a que te empapes de este libro con la misma determinación con la que te zambulles en un océano. Llevo años repitiendo esta frase: «Todo lo que sacas de tu cerebro es el fruto de lo que metes en tu cerebro». Así que…

«Riega el manzano y te dará manzanas».

↓   ↓

cerebro + resultados

ANXO PÉREZ,
fundador de *8Belts.com*,
autor de *Los 88 peldaños del éxito* y
conferenciante internacional

Introducción

Cuando empecé a emprender tenía solo veintitrés años y ninguna experiencia en emprendimiento. Me formé todo lo que pude en marketing y en competencias empresariales, pero aun así el primer año fue muy duro, y estaba muy lejos de cumplir los objetivos que tanto yo como mi socio nos habíamos propuesto en la empresa. Si tenía las «supuestas» habilidades que necesitaba para tener éxito, ¿por qué no lo estaba consiguiendo? Lo supe más tarde: el éxito no tiene nada que ver con lo que te enseñan en el colegio, en la universidad o en un prestigioso MBA. Por estudiar más o tener más títulos, no necesariamente vas a tener un mejor futuro.

Entonces ¿qué es lo que nos puede hacer exitosos? Ese primer año de emprendimiento empecé a intuir que había algunas habilidades y actitudes de las que yo carecía. Ni siquiera recuerdo cómo, pero empezamos a trabajar como marca blanca para una conocida agencia de publicidad de Barcelona. Hacíamos trabajos para empresas muy conocidas, pero tanto el cliente como el mérito, y prácticamente toda la facturación, se los llevaba la otra agencia. Nosotros estábamos en la sombra.

No entendía que habiendo empezado las dos agencias más o menos a la vez —ambas teníamos poco más de un año—, ellos ya hubieran facturado un millón y medio de euros, sus oficinas fuesen lujosas y cuando veía fotos de ellos en redes sociales, era pilotando helicópteros y haciendo otras actividades que en ese momento me hubiese encantado hacer. En cambio, nosotros luchábamos cada final de mes para cubrir gastos y no teníamos tiempo para el ocio porque trabajábamos incluso los fines de semana. Siempre me preguntaba qué hacían esas personas que yo no estaba haciendo para tener resultados tan diferentes a los que teníamos nosotros.

Con los meses llegamos a tener mucha confianza con los dos fundadores de esa agencia y les pregunté abiertamente cómo eran sus rutinas, sus hábitos, qué leían, qué estudiaban, con qué gente se relacionaban…, todo tipo de preguntas, y ahí me di cuenta de que hacían cosas muy distintas a lo que se supone que hay que hacer, que las personas a las que consideramos «de éxito» tienen hábitos, habilidades y, sobre todo, una mentalidad que el resto no tenemos.

A partir de ese momento me interesé cada vez más por el concepto de «éxito» y empecé a estudiarlo. Siempre que tenía la oportunidad de hablar con personas a las que consideraba exitosas, por ejemplo mis mentores, les mareaba con preguntas para conocer qué les hacía diferentes y qué cosas de las que hacían podía aplicar en mí. He llenado libretas enteras con apuntes sobre hábitos, habilidades, competencias, mentalidad, y ahora quiero compartirlos contigo en este libro.

En la cúspide de la pirámide de Maslow, o jerarquía de las necesidades humanas, encontramos el reconocimiento y la autorrealización como los deseos más elevados de los seres humanos. Consideramos esenciales estos dos últimos niveles para alcanzar el tan ansiado éxito personal. Y de eso va este libro. Cada día, durante un mes, vas a aprender una nueva habilidad que te va a permitir avanzar en tus objetivos y ascender al siguiente nivel en tu camino hacia la realización plena. Después de poner en práctica todo lo aprendido, estarás listo para conseguir lo que te propongas.

El primer paso para conseguir el éxito es la toma de conciencia, darse cuenta de que quizá hay algo que no estás haciendo bien, y reconocer que tú eres el responsable de tus resultados. Si hay personas que tienen éxito y tú no, es porque lo están haciendo mejor o, al menos, de un modo «diferente». El segundo paso es desear un cambio. Después de reconocer la situación, lo siguiente es querer cambiarla. Y el tercer paso, y el más importante, es el compromiso con este cambio, porque el camino no será fácil. Debes entender que te exigirá tiempo y sacrificio, y a tu alrededor muchos pensarán que estás loco o que no merece la pena. Pero con el tiempo, y gracias a tu esfuerzo, acabarás teniendo el éxito que todos anhelan.

En mi caso, pese a estudiar constantemente el comportamiento de las personas de éxito, he de decir que mi cambio no fue de un día para otro, sino que me llevó años de aprendizaje y, sobre todo, de práctica. Así que no te desanimes, lo importante es empezar con los tres primeros pasos: reconocer, desear y comprometerse.

En 2013 estaba harta de no impactar a tanta gente como quería, estaba harta de no llegar a fin de mes, estaba harta de trabajar de sol a sol y que los resultados no fuesen satisfactorios. Entonces empecé a tomarme en serio mi cambio y solo así llegaron los resultados: cuando reconocí que si seguía igual no iba a ninguna parte, cuando deseé tener éxito con mi empresa casi tanto como el respirar, y cuando me comprometí conmigo misma a hacer lo que hiciese falta para conseguirlo.

Desde 2014 en adelante, conseguí mi objetivo de doblar mi facturación cada año, hasta llegar a superar el millón de euros en 2018. Todo un sueño hecho realidad. Y no solo por el dinero. Ese mismo año me fui a vivir tres meses a Estados Unidos, viajé por todo el país conociendo diferentes ciudades, me formé con los mejores mentores y asistí a los mejores congresos de marketing. No solo había logrado ganar el dinero que me permitía tener el nivel de vida que deseaba, sino la libertad de poder hacer lo que quería. Mi empresa funcionaba, mi equipo seguía en nuestras oficinas en Barcelona, mientras yo estaba en la otra punta del mundo disfrutando de la vida, viajando, practicando surf, y lo más importante: aprendiendo nuevas habilidades para seguir haciendo crecer la empresa...

¿Por qué tardé años en implementar todo lo que iba observando en las personas de éxito que tenía a mi alrededor? Porque me fallaba lo fundamental: la mentalidad. Constantemente me asaltaban las dudas cuando me comparaba con ellos: «Quizá no soy tan buena», «Quizá esa gente tiene algo especial que yo no tengo» o «He nacido en un barrio humilde y por eso nunca podré ser como ellos».

Mucha gente, cuando me ve hoy en día, piensa exactamente lo mismo: «Yo no puedo ser como Judit». Me hace gracia, porque es lo que yo pensaba de mis mentores. Al final te das cuenta de que, aparte de un porcentaje muy reducido de personas con altas capacidades, el resto de los que conseguimos los objetivos que nos proponemos somos bastante «normalitos». En el colegio no era brillante; de hecho, repetí segundo de Bachillerato. Mi familia proviene del barrio con menos renta per cápita de Barcelona, un barrio muy humilde. Mis padres han sido unos trabajadores incansables, no han sido directivos, y ni siquiera tienen estudios superiores, aunque sí poseen unos valores increíbles que agradezco que me hayan transmitido. Seguramente tú y yo somos bastante parecidos.

La mentalidad será una constante a lo largo de este libro porque nuestros resultados dependen en gran medida de nuestros pensamientos. Estos influyen en nuestras emociones y nuestros sentimientos y, en consecuencia, llevamos a cabo unas acciones u otras en función de lo que pensamos. Nuestros resultados dependen de las decisiones que tomamos, pero para hacer lo correcto lo primero es tener la mentalidad adecuada.

En la primera parte trataremos las habilidades intrapersonales que debemos practicar/trabajar, es decir, la relación con nosotros mismos. Será el primer paso para cambiar tu mentalidad.

En la segunda parte hablaremos de las habilidades interpersonales, porque para cumplir tus objetivos quizá vayas más rápido solo, pero llegarás más lejos acompañado. Relacionarnos bien con otras personas es imprescindible para nuestro éxito.

Y en la tercera parte veremos otro aspecto muy importante para lograr tus metas: tu relación con el dinero.

Una vez que aprendas todas las habilidades que voy a enseñarte en este libro, tendrás que convertir muchas de ellas en hábitos. Los hábitos son conductas que se repiten en el tiempo de modo sistemático, como, por ejemplo, cepillarse los dientes. Lo haces todos los días, por eso es un hábito. No te cuestionas cada día si vas a cepillarte los dientes o no, simplemente lo haces por rutina. Igual que cuando te levantas por la mañana, que no te planteas: «¿Qué tengo que hacer? ¿Me ducho o no? ¿Me hago un café o no? ¿Qué orden le pongo a estas acciones?». Simplemente lo haces, y seguramente de forma muy parecida todas las mañanas.

Mi propósito es que consigas realizar en piloto automático todas las habilidades que voy a enseñarte, que no tengas que pensarlas antes de llevarlas a cabo, y para ello solo puedes hacer una cosa: practicar y repetir.

Hago artes marciales desde hace casi seis años, y cada vez que en clase nos enseñan una nueva técnica tenemos que practicarla como mínimo cien veces para que nos salga de manera natural, sin tener que pensar en cada movimiento del cuerpo.

Con las habilidades que voy a enseñarte sucederá lo mismo: se harán más naturales a medida que las vayas implementando, y repitiendo, en tu día a día. Al principio muchas tareas te resultarán poco naturales porque tienes hábitos adquiridos de toda la vida, y cuanto más tiempo lleves haciéndolo mal, más difícil será sustituirlos por hábitos nuevos. Para que lo entiendas, es como querer dejar de fumar y apuntarte al gimnasio; dejar un hábito malo y sustituirlo por uno bueno es muy complicado, ¡pero se puede!

Llegados a este punto, y una vez que ya conoces mi historia, quizá te estés preguntando: «¿Qué significa tener éxito?».

El concepto de «éxito» no es fijo. Tener un millón en el banco no te hace exitoso; seguramente el que tiene cien millones pensará que un millón es poco. Tener una empresa tampoco te hace más exitoso; seguramente el presidente de una gran compañía, si se compara conmigo, puede pensar que él es más exitoso que yo. (En mi caso, odiaría llevar una vida tan estresante; eso para mí no es éxito).

De hecho, el éxito no tiene nada que ver con cuánto dinero ganas o cuántas personas tienes a tu cargo, el éxito es lo que cada uno defina para sí mismo que es «su éxito». Algunas personas valoran mucho el dinero, pero otras valoran más el tiempo, otras la libertad. El éxito puede ser diferente para cada persona, por eso en este libro cuando nos refiramos al éxito será al tuyo, al que tú te hayas propuesto.

Podemos tener éxito en muchos ámbitos de nuestra vida:

- En nuestra carrera profesional.
- En nuestras aficiones.
- Con la familia.
- En nuestras relaciones amorosas.
- En los estudios.
- En cualquier área que te propongas.

Aquí nos centraremos en el éxito profesional, ya que repercute directamente en muchas otras áreas. Por ejemplo, cantidad de matrimonios se divorcian por problemas con el dinero, y muchas personas no dedican tiempo a su familia o sus *hobbies* porque su profesión no se lo permite. En nuestra vida hay que cuidar todas las áreas, pero empecemos por la carrera profesional.

Como decía, el éxito es diferente para cada persona, pero lo que tengo claro es que se basa en conseguir llevar la vida que deseas y alcanzar, con esfuerzo, tus objetivos.

En nuestro camino al éxito, la sociedad nos adormece, nos mantiene en el conformismo, y al final nos acabamos creyendo que el éxito es solo para unos pocos y que nosotros no podemos conseguirlo. Eso no es cierto, prácticamente todas las personas de éxito con las que me he topado en estos años son personas hechas a sí mismas. Y los datos no mienten respecto al porcentaje de personas ricas que empezaron de cero: el 53 por ciento de los millonarios y el 62 por ciento de los billonarios. Espero que esto te consuele y entiendas que todos podemos llevar la vida que deseamos.

Si a estas alturas sigues dudando de tu capacidad de alcanzar el éxito no te preocupes, no es del todo malo, eso es que hay una inquietud dentro de ti. Yo también tuve dudas, pero sabía que había algo mejor para mí, lo sabía en el fondo de mi corazón, y que era capaz de hacer mucho más de lo que estaba haciendo en ese momento. Que podía conseguir resultados diferentes. Y si tú ahora tienes este libro entre tus manos es porque también tienes esa inquietud. Así que enhorabuena, ya has dado los dos primeros pasos, reconocer y desear el cambio. Ya solo te falta comprometerte con ese resultado que tanto deseas.

Probablemente cuando te haces estos planteamientos te sientes como un bicho raro, quizá incluso te da vergüenza leer este libro en el transporte público por lo que pueda pensar la gente de ti. Sí, en esta sociedad está mal visto querer más, es algo que todos deseamos pero callamos a partes iguales. Aunque nosotros, tú y yo, somos diferentes, tenemos una sana ambición y sabemos que con la guía adecuada podemos conseguirlo.

Eso sí, por leer *Entrena tu éxito* no vas a conseguir todos tus sueños como por arte de magia, para eso tendrás que tomártelo en serio. Si eres de los que quieren las cosas rápido y fácil, este libro no es para ti. En cambio, si eres de los que están dispuestos a sacrificarse y trabajar duro, espero que sea tu guía. Te voy a desvelar los secretos de las personas de éxito que he estudiado desde hace más de diez años, y durante los próximos treinta días vas a cambiar tu realidad, tu manera de ver el mundo, serás otra persona, y estarás preparado para este emocionante camino hacia el éxito. ¡A por ello!

Habilidades intrapersonales

El éxito se basa en las relaciones, y en esta primera parte vamos a aprender habilidades y hábitos que tienen que ver con la relación más importante que establecerás en tu vida: la que mantienes contigo mismo.

Las primeras habilidades que voy a enseñarte están conectadas con tu mundo interior. Y es que para que todo fluya «por fuera» primero debemos cambiar «por dentro», es decir, nuestra mentalidad. Tu forma de pensar y de sentir es clave a la hora de conseguir el éxito. Es más, solo lo consiguen aquellas personas que tienen mentalidad de éxito, una mentalidad de abundancia, no de escasez.

Somos lo que hacemos, somos el fruto de nuestras acciones, pero el origen del «hacer» está en el «pensar» y en el «sentir». Es importante controlar lo que nos decimos, pero todavía más cómo reaccionamos a lo que nos decimos, ese «sentir». Lo que te dices en tu diálogo interior y cómo te afecta tiene una repercusión directa en tus acciones y, en consecuencia, en los resultados.

Para mejorar tu mentalidad, lo primero que hay que trabajar es el autoconocimiento. Muchas veces ni siquiera sabemos quiénes somos, tenemos una figura desdibujada entre lo que opinan los demás sobre nosotros y lo que nos dice nuestra vocecita interior. En realidad, tú eres mucho más que la suma de esas voces, porque incluso la tuya está influenciada por los demás. Aprender a regular el mundo interior es lo que llamamos «inteligencia emocional».

En esta parte saldrán varios ejemplos de esto, y verás que una persona de éxito con una gran inteligencia emocional y un autoconocimiento bien trabajado reacciona a los acontecimientos de la vida de un modo diferente, más eficiente, que una que no tenga esta inteligencia muy desarrollada. Porque la vida no es lo que nos sucede, sino cómo reaccionamos ante ello. Una misma situación puede interpretarse de muchas formas. Así, mientras de una crisis surgen millonarios que han sabido ver las oportunidades que esta ofrece, otros reaccionan desde el miedo y, en vez de ganar más, seguramente acaban en la ruina. Misma situación pero resultados diferentes debido a una mentalidad diferente.

En las siguientes páginas empezaremos soñando y luego pondremos en marcha un plan para que consigas todo lo que te propongas, a la vez que nos iremos adentrando poco a poco en tu mente para modificar aquellos patrones que no te están ayudando en el camino hacia el éxito.

Te invito a conocerte y a sacar de ti tu mejor versión, la que está dispuesta a perseguir sus sueños y alcanzar el éxito.

Día 1

Atrévete a soñar

«Su hija tiene demasiada imaginación», se quejaba mi profesora de parvulario a mi madre. Como si la capacidad de imaginar fuese algo negativo, cuando el único problema es que todavía se criminalice esta virtud. Así llegamos a la edad adulta, donde abundan expresiones del tipo: «Está en la luna», «Es un soñador», «No tiene los pies en la tierra», «Más vale que se baje de la nube», «Vive en los mundos de Yupi», etc.

Ser un soñador no está bien visto y tendemos a criticar a quien lo es. ¿Y sabes qué? Que todo lo que deseamos empieza por nuestra capacidad de soñarlo antes despierto. De modo que inhibir esta habilidad, además de triste, es muy perjudicial para alcanzar todos nuestros éxitos.

Hace poco hice de canguro con mis sobrinos un fin de semana. La niña tiene cuatro años. ¿Has observado alguna vez cómo juega un niño de cuatro años? ¡Es pura imaginación! Una tarde se subió a unos grandes maceteros de mi jardín, entiendo que en su cabeza era un escenario, y empezó a cantar y a animar a su público. Les decía: «¡Venga, todos abajo!», echándolos de su espacio, el escenario. «¡Ahora cantad conmigo!», y ella solita se pegó un concierto de treinta minutos de canciones inventadas, con un público al que parecía gustarle mucho el espectáculo porque ella no paraba de interactuar con sus oyentes imaginarios.

Según la doctora Stephanie Carlson, una experta en desarrollo cerebral infantil de la Universidad de Minnesota, los niños usan dos terceras partes de su tiempo en la no realidad. ¡Increíble!

Para empezar a entrenar nuestras habilidades para el éxito, en la primera que debemos fijarnos es en la habilidad para imaginar: la creatividad. Esta es como un músculo, y la mayoría lo tenemos fofo porque cuando dejamos de jugar en nuestra infancia, dejamos de ejercitarlo. Pude comprobar esa flacidez hace unos pocos años, el primer día de mis clases de improvisación teatral. Era incapaz de inventar historias, lugares y objetos que no existían, me parecía misión imposible y admiraba a mis profesores porque parecía que habían nacido para ello, pero la realidad es que llevaban años entrenando su creatividad. Después de muchos meses de aprendizaje y sobre todo de práctica, en la función final fui capaz de estar en un lugar imaginario, beber y comer de platos y vasos imaginarios, inventar un personaje con su propia personalidad y características diferenciadoras en un microsegundo. Si no has visto nunca una improvisación teatral, es una obra donde no hay ni guion ni personajes, ni atrezo, nada..., solo tus compañeros, tú y una o varias palabras a partir de las cuales empezar una historia, en tiempo real y todo con la misión de hacer reír al público. ¡Todo un reto para la imaginación!

¿Por qué esa capacidad de imaginar se va atrofiando con el tiempo? En primer lugar porque en la escuela no nos dan espacio para desarrollarla, solo aprendemos cosas lógicas y eso mata la creatividad. Como decía antes, es un músculo que pierde fuerza si no lo pones en marcha. Por otro lado, imaginar cosas futuras significa equivocarse más, y en el colegio nos enseñan, y luego nos lo recuerdan nuestros jefes en el trabajo, que equivocarnos no está bien. Eso hace que prefiramos no imaginar escenarios futuros por si acaso no se hacen realidad, y que evitemos probar cosas nuevas usando nuestra creatividad por si nos equivocamos.

Hay estudios que lo avalan, por ejemplo, la investigación realizada por los psicólogos Daria Zabelina y Michael Robinson, de la Universidad Estatal de Dakota del Norte, que concluye que a través de la imaginación podemos potenciar la creatividad que hemos limitado con los años.

Para demostrarlo, dividieron a los participantes en dos grupos. Al primer grupo se le dio esta consigna: «Tenéis siete años. La escuela está cerrada. Tenéis todo el día para vosotros. ¿Qué haríais? ¿Adónde iríais? ¿Qué veríais?». Al segundo grupo se le dio la misma consigna pero sin la información sobre la edad («Tenéis siete años. La escuela está cerrada»). Eso significa que el segundo grupo no debía ponerse en la mente de un niño. Les concedieron diez minutos para escribir sus respuestas y justo después se les hizo un test de creatividad. El resultado fue que el primer grupo superó en más de un 50 por ciento al segundo. Haber entrenado antes la creatividad y salir de lo lógico les permitió ser más creativos en los tests.

Otro estudio realizado entre 1959 y 1964 con trescientos cincuenta niños demostró que en torno a los nueve años la tendencia a usar la imaginación y a soñar despierto declinaba de forma repentina.

Espero que a estas alturas ya estés concienciado de que para alcanzar el éxito tienes que imaginar lo que quieres, y que debes entrenar tu músculo de la imaginación y la creatividad porque seguramente se te ha atrofiado con los años, así que en el ejercicio de hoy voy a pedirte que sueñes muy fuerte. Ahora bien, tengo una mala noticia: aunque me parecen interesantes las teorías de la ley de la atracción, con soñar fuerte no basta para lograr que esos sueños se hagan realidad. Para eso tendrás que sumarle otras habilidades que irás aprendiendo en los próximos días; pero lo que sí puedo decirte es que todo empieza por aquí: ¡soñando!

Te pediré que durante un momento dejes de tener los pies en la tierra y los sitúes en el cielo, en todo aquello que deseas para tu vida. No te pongas barreras. Quizá, dependiendo de la cultura del lugar donde vivas, algunos sueños estén mal vistos. Por ejemplo, puede que creas que desear un Ferrari te hace peor persona, o que querer un anillo de diamantes es ostentoso, pero pregúntate si eso es lo que realmente quieres tú, no lo que quieres que vean los demás. Recuerda que este ejercicio es para ti, es privado y solo lo vas a ver tú.

También es posible que te cohíbas a la hora de escribir lo que realmente quieres porque tu mente te sigue diciendo que es imposible, así que prefieres no ponerlo por escrito. Hazlo de todos modos, ese compromiso es solo contigo, con nadie más. De hecho, más adelante veremos todos esos pensamientos limitantes que están saboteando tu éxito.

Atrévete a soñar también con cosas materiales. El dinero y lo material no son indicadores de felicidad ni de éxito en la vida, por supuesto que no. Pero ni los pobres son felices ni los ricos son infelices por sistema. Y si por lo que sea tengo que ser infeliz, prefiero serlo sin pasar penurias y teniendo al menos las necesidades básicas cubiertas, las cuales a muchas familias se les plantean como un reto a fin de mes.

En mi experiencia, cuando no podía permitirme tomar un café en el bar de debajo de la oficina y me venían los recibos de la cuota de autónomos con recargo mes tras mes porque no la podía pagar, feliz lo que se dice feliz no era...

Hemos empezado hablando de lo material, el «tener», pero no quiero que te concentres solo en eso. También vamos a trabajar el «hacer», por ejemplo: viajar, aprender cosas nuevas, *hobbies* nuevos o dedicarle más tiempo a los que ya tienes. Y como tercer elemento en tu lista quiero que incluyas también sueños relacionados con el «ser», por ejemplo: «Quiero ser un referente en mi sector».

Para alcanzar el éxito hay un orden lógico en esta tríada que quiero que conozcas. Evidentemente, para la mayoría de las cosas que pongas en el «tener» primero deberás «hacer» y «ser». De hecho, a mí me gusta ver el «ser» y el «hacer» como un mismo elemento porque considero que para «ser» hay que aprender, y no hay mejor forma de conseguirlo que «haciendo».

Voy a darte algunos ejemplos de la lista que redacté en 2014 y que han acabado cumpliéndose. Algunas cosas te parecerán ambiciosas y otras una tontería, pero para mí eran importantes porque mi capacidad económica en ese momento era muy limitada y había pequeñas cosas que veía como un lujo:

- Ser reconocida en mi sector.
- Hacer ponencias en España y Latinoamérica.
- Escribir mi primer libro.
- Tener una casa con jardín en la ciudad de Barcelona, no en las afueras.
- Salir a cenar con mi pareja a un restaurante una vez por semana.
- Tener a una persona que se encargara de las tareas de la casa por mí.
- Tener tiempo para entrenar regularmente y mantenerme en forma.
- Hacer al menos un viaje al año de quince días a algún lugar del mundo.
- Cancelar todas las deudas que dejó mi exsocio.

Espero que puedan servirte como ejemplo.

Ejercicio

Vamos a por el ejercicio. Escribe quince sueños o ilusiones que tengas en las casillas de las tres áreas: Hacer - Ser - Tener. ¡Y no dejes ninguna vacía!

Si solo rellenas unas pocas significa que sigues inhibiendo tu capacidad de imaginar. Quizá al principio te cueste un poco, pero enseguida verás que unas te llevarán a otras.

HACER
1.
2.
3.
4.
5.
6.
7.
8.

9.
10.
11.
12.
13.
14.
15.

SER
1.
2.
3.
4.
5.

6.
7.
8.
9.
10.
11.
12.
13.
14.
15.

TENER
1.
2.
3.

4.	
5.	
6.	
7.	
8.	
9.	
10.	
11.	
12.	
13.	
14.	
15.	

Día 2

Define tus metas

Si te pregunto qué objetivos quieres conseguir en los próximos doce meses relacionados con «tú éxito», seguro que alguno coincide con estos: «Quiero tener más dinero», «Quiero tener más tiempo libre» o «Me gustaría viajar más».

Bienvenido al club del 99,99 por ciento de las personas. Llevo años haciendo esta pregunta a quienes asisten a mis formaciones y las respuestas siempre son las mismas, tal vez formuladas de otro modo, pero, en definitiva, quieren más tiempo para dedicar a lo que les apetezca: viajar, familia, amigos, *hobbies*, y también más capacidad económica.

La pregunta entonces es: si todo el mundo tiene esos mismos objetivos, ¿por qué los consigue tan poca gente?

Porque no tienen un sistema paso a paso para lograr sus propósitos, que es el que iremos viendo a lo largo de este libro.

El primer paso era atreverse a soñar, pero en el día de hoy vamos a transformar esos sueños en metas, formuladas de tal forma que nos ayuden a conseguirlo. «Quiero más tiempo o más dinero» se asemeja más a un sueño que a una meta en sí, y eso es porque está mal formulado. Pero no te preocupes, que en el ejercicio de hoy voy a enseñarte cómo hacerlo bien.

Por muy bueno que sea tu GPS, si no sabes adónde te diriges es poco probable que llegues a tu destino. Lo mismo pasa con los sueños que has redactado en el ejercicio anterior. Si no tienes un plan será difícil alcanzarlos, así que hoy vamos a bajarlos a tierra para que lo logres. Todo plan empieza por definir un objetivo, que también llamaremos «meta».

Vamos a bajar todos esos sueños y a convertirlos en objetivos reales, y para ello utilizaremos una metodología que nos dejó George T. Doran, las metas SMART.

SMART significa «inteligente», justamente el propósito de esta metodología: crear metas inteligentes. La palabra SMART está formada por las siguientes letras:

eSpecífica
Medible
Alcanzable
Relevante
Tiempo (fecha límite)

Son las características de una meta bien definida. Los sueños son difíciles de alcanzar porque son demasiado «etéreos», pero a medida que avancemos con esta metodología verás que definir bien lo que quieres lograr es muy sencillo, y lo harás más tangible y realista.

eSpecífica

Cuando al inicio del capítulo hablamos de querer más dinero o más tiempo, ¿crees que eso es específico? En mi viaje a Kenia me di cuenta de que con cien euros, que para ti no es nada y que en España puedes gastarte cenando en un buen restaurante, allí una familia entera puede comer durante todo un año. Entonces, «mucho dinero» depende de dónde vivas y de los gastos fijos que tengas para llevar el nivel de vida que deseas. Para hacerlo específico deberíamos delimitar esa cantidad. Por ejemplo: «Mi objetivo es ganar cien mil euros al año». Eso es mucho más «específico» que «quiero más dinero».

Medible

Hemos quedado en que para alcanzar tus metas necesitas un plan. En esa ruta de nuestro plan tenemos que medir nuestro progreso continuamente. Por eso es importante que al formular los objetivos estos sean medibles, que podamos cuantificar ese progreso; es decir, que el objetivo que formulemos sea numérico. En el ejemplo anterior queda muy claro: al decir «Mi objetivo es ganar cien mil euros al año» podemos medir el progreso, si te estás acercando o no a tu meta, y cuando ganes esa cantidad sabrás perfectamente que la has alcanzado. De nuevo, si decimos «Quiero mucho dinero», ¿cómo sabremos que estamos ganando «mucho»? ¿Cuándo podremos celebrar que hemos conseguido lo que queríamos?

Hay algunas metas que son muy fáciles de cuantificar, como las relacionadas con el dinero o el tiempo. Por ejemplo, si quieres más tiempo podrías decir: «Quiero trabajar solo veinte horas a la semana ganando lo mismo que ahora», o si eres de los que sales de casa pronto por la mañana y vuelves de noche, y estás cansado de esa situación, podrías formular lo siguiente: «Quiero llegar a casa como muy tarde a las cuatro y media, tras finalizar mi jornada de trabajo».

Otras metas, en cambio, serán más difíciles de formular para que sean medibles. Por ejemplo, si en el primer ejercicio uno de tus sueños, como el mío, es ser reconocido en tu sector, ¿cómo definir numéricamente que eres reconocido en tu sector? Con acciones que puedes cuantificar, por ejemplo, «Quiero tener veinte mil seguidores en mis redes sociales» o «Quiero ser ponente al menos cuatro veces al año en los mejores congresos de mi sector».

Alcanzable

Quizá tu problema no sea la falta de imaginación como hablábamos con anterioridad, sino que tienes demasiada, o que eres excesivamente optimista con lo que puedes conseguir. Para que una meta se cumpla, uno debe ser realista y que esta sea alcanzable al formularla, pero a la vez tiene que suponer un desafío para que te haga ponerte en movimiento.

Imagínate que tus ingresos mensuales limpios son mil quinientos euros. Si tu meta es conseguir mil seiscientos al mes en el próximo año, ¿crees que esa meta es lo bastante estimulante como para que muevas el trasero para conseguirlo? Lo más seguro es que no hagas el esfuerzo de planificar nuevas acciones para alcanzar ese objetivo, porque es relativamente fácil. Me parecería mucho más lógico que si estás ganando mil quinientos euros te plantees ganar dos mil al mes en el próximo año. Esto hará que tengas que disparar tu creatividad para encontrar las acciones que te permitan alcanzarlo, ya sea cambiar de trabajo, luchar por ese ascenso o, si eres autónomo, salir en busca de más clientes.

¿Y dónde está el balance entre que sea un desafío y que sea alcanzable? En el tiempo y en el punto de partida. Tenemos que ser conscientes de que «casi todo» se puede conseguir, pero el tiempo es un factor a tener en cuenta y también tus condiciones actuales. Por mucho que hubiese querido facturar un millón el primer año que monté mi empresa, no habría sido posible porque partía de experiencia cero en el mundo emprendedor, no tenía ningún tipo de financiación y, proviniendo de un barrio humilde, tampoco ningún contacto. ¿Significa eso que nunca iba a conseguirlo? No, sucedió, facturé más de un millón en un solo año, pero fue nueve años más tarde.

Este año me encantaría poner en mis metas que mi empresa facture cien millones de euros, pero no es alcanzable porque mis condiciones actuales no lo permiten, necesito seguir aprendiendo; no es algo imposible y el tiempo quizá me lleve a ello si me lo propongo, pero a día de hoy y en el próximo año ni es realista ni es alcanzable. Si quiero cien millones en el banco, tengo más probabilidades comprando un billete de lotería.

Lo mismo sucedería si mi meta fuese ser astronauta, difícilmente lo conseguiría teniendo en cuenta mi punto de partida actual y mis condiciones. Y aunque me pusiera a estudiar para ello, e imaginemos que tuviese las capacidades intelectuales como punto de partida, el tiempo estaría jugando en mi contra por mi edad.

Sí, las personas de éxito somos unos soñadores natos, pero también debemos poner freno a nuestro optimismo exacerbado. Si tu meta es poco alcanzable no te la vas a creer, y eso hará que no te pongas en acción y todo quede en un sueño. Así que recuerda: la meta debe ser alcanzable pero también estimulante.

Relevante

Cuando George T. Doran ideó el método SMART, la «R» se correspondía con «Realista», y durante mucho tiempo así la usé, pero a día de hoy la he cambiado por «Relevante» porque me parece que «Realista» está muy relacionada con la característica anterior: «Alcanzable». De hecho, mientras te la explicaba he usado la palabra «realista» en varias ocasiones.

¿Por qué me parece más acertado usar «Relevante» dentro de la metodología SMART? Porque para que consigas tu propósito la meta debe motivarte, ser relevante para ti. Y ahora probablemente estarás pensando que si es tu meta es porque es relevante, de lo contrario no te habrías molestado en formularla. Déjame que disienta. Muchas veces creemos que deseamos cosas que, si miramos en el fondo de nuestro ser, de quienes somos, no son lo que queremos en realidad. Lo deseamos porque la sociedad nos ha dicho que es lo correcto o que es lo esperable de nosotros como personas exitosas. Y no solo la sociedad, quizá también el propio entorno. Piensa en un estudiante de Derecho que hace la carrera porque su familia se dedica a la abogacía desde varias generaciones atrás; quizá crezca y cuando sea un hombre de mediana edad se dé cuenta de que no era lo que quería, que su pasión de toda la vida había sido el arte, la medicina o cualquier disciplina alejada de las leyes. ¿Realmente esa meta de tener una carrera exitosa como abogado era relevante para él? No, era relevante para no fallar a su familia, pero no era lo que quería.

Así que cuando te pongas a redactar tus metas piensa siempre lo relevantes que son para ti, si son lo que realmente quieres. Cuanto más relevante para ti sea una meta, más fácil te será conseguirla, porque encontrarás antes la motivación para ponerte en marcha y no desfallecer cuando vengan las dificultades.

Tiempo (fecha límite)

Ya hemos hablado de lo importante que es el tiempo como factor para conseguir tus metas. Si tu meta es muy grande, no es que sea inalcanzable, sino que necesitarás más tiempo para que se haga realidad.

Lo que está claro es que si no pones fechas límite para alcanzar tus objetivos estos nunca van a concretarse. Si tienes toda la vida para alcanzar tus propósitos, te aseguro que estarás en tu lecho de muerte y no se habrán cumplido. Somos procrastinadores por naturaleza y sin una fecha límite, un día de entrega, nunca finalizaríamos nada. ¿Recuerdas tu época de estudiante? Tenías semanas para presentar un trabajo, y daba igual si lo empezabas con antelación o tan solo un día antes; la tarea, mejor o peor, iba a salir de todas formas. Pero si no hubieses tenido una fecha de entrega y te hubiesen dicho que podías presentarlo a lo largo del curso, ¿crees que lo habrías hecho el primer mes o más bien el último?

Esto tiene una explicación: la ley de Parkinson, enunciada por el británico Cyril Northcote Parkinson en 1957. Dice así: «El trabajo se expande hasta llenar el tiempo disponible para que se termine». Esto quiere decir que, cuanto menos tiempo tenemos para realizar una tarea, mayor es el esfuerzo para concluirla. Mientras que cuando tenemos más tiempo, le ponemos menos esfuerzo y por lo tanto se dilata más en el tiempo.

Por eso es tan importante poner fechas límite a nuestras metas, porque hará que nos esforcemos en conseguirlas dentro del tiempo marcado. Además, para cumplirlas te recomiendo que las compartas con otras personas o incluso que las impliques en ese compromiso. Por ejemplo, si yo no me hubiese comprometido con la editorial en acabar este libro, probablemente nunca hubiese nacido, porque sin una fecha no habría puesto el esfuerzo suficiente para acabarlo o se habría dilatado tanto en el tiempo que quizá habría nacido diez años más tarde. Así que una de las claves para cumplir tus metas es que estén acotadas en el tiempo, que tengan una fecha de finalización.

Otra cosa a tener en cuenta es que la formulación de las metas cumpla con las tres «P». Es decir, deben estar formuladas en positivo, en primera persona y en presente.

En positivo porque no tiene sentido hablar de lo que «no» quieres, sino de lo que «sí» quieres para establecer un plan para conseguirlo; igual que un GPS no te da todas las rutas por las que «no» puedes ir, sino la ruta que debes seguir.

En primera persona porque solo tienes control sobre ti mismo. No puedes hacer que alguien cambie, y en el caso de que quieras eso, eres tú el que debe cambiar tu relación con esa persona.

En presente porque te ayuda a hacerlo más real. Si lo formulas en futuro es algo que no está sucediendo todavía, es un deseo o un sueño.

Vamos a analizar lo que sería una meta SMART bien formulada:

«Ganar dos mil euros limpios al mes antes del último día del año».

- ¿Es específica? Sí, sabemos exactamente qué queremos conseguir.
- ¿Es medible? Sí, sabemos que si nos acercamos a los dos mil euros estamos cerca de cumplir nuestra meta.
- ¿Es alcanzable? Sí, no es una cifra fuera de lo normal.
- ¿Es relevante? Eso dependerá de cada uno, pero sabiendo que el dinero es una gran motivación para la mayoría de las personas, probablemente sí sea relevante.
- ¿Está acotada en el tiempo? Sí, sabemos que tenemos que cumplirla antes de acabar el año.

Ejercicio

Ahora te toca a ti definir tus metas SMART. Quiero que escribas cinco metas que te gustaría alcanzar en los próximos doce meses. ¿Por qué solo cinco? Porque si son muchas, lo más probable es que no las consigas por falta de foco.

No olvides que el éxito no solo está relacionado con el dinero o tu parte profesional, sino que también es importante tener en cuenta metas personales como viajes, tiempo con la familia y los amigos o cualquier proyecto personal que te motive y quieras alcanzar en estos próximos meses.

1.
2.
3.
4.
5.

Día 3

Crea tu plan

La mayoría de las personas están en el rafting de la vida. Van río abajo siguiendo la corriente del día a día sin tener mucho control sobre sus vidas. No creen que esta se pueda planificar, así que se dejan llevar aceptando todo lo que les venga, ya sea bueno o malo.

Si quieres conseguir el éxito, la única forma es dejar esa corriente del río y ser un salmón, yendo a contracorriente y hacia donde tú quieras ir.

Cuesta creer que la vida se pueda diseñar, no con un cien por cien de exactitud, evidentemente, no tenemos una bola mágica para predecir el futuro, pero sí podemos hacer que se parezca mucho a lo que imaginamos como vida exitosa. Para ello hacen falta dos cosas: soñar y accionar.

A soñar ya has aprendido el primer día, y a accionar has empezado en el segundo, cuando creabas tus metas SMART. Ahora te toca crear un plan de acción para conseguirlo y para ello necesitas tareas concretas que te llevarán a la consecución de todo lo que deseas.

Ya tienes el qué, ahora vayamos a por el cómo, porque sería fantástico conseguir el éxito solo soñando y escribiendo una frase en un papel, pero difícilmente va a cumplirse si no nos ponemos en marcha. Tienes que ponerte a trabajar.

Cuando ya tienes una meta escrita, lo siguiente para redactar tu plan es hacer una lista de tareas a llevar a cabo para conseguirla, a las que luego añadirás subtareas. Para que veas lo importante que es establecer metas y diseñar un plan para conseguirlas, voy a poner un ejemplo de una que escribí hace años y que me ha llevado al momento actual que estoy viviendo empresarialmente. Si no lo hubiese hecho así, estoy segura de que mi vida, a día de hoy, sería muy diferente.

En 2012 subí mi primer vídeo a YouTube, sabía que trabajar mi marca personal era importante y que a nivel de negocio me iba a ayudar mucho. Además, era algo que me apasionaba, regalar valor a los demás. Sin embargo, en 2013 entré en una situación financiera complicada, tuve que priorizar el salir a buscar clientes y poner toda mi atención en empezar de cero con una nueva empresa. Así que ahí quedó todo, con unos vídeos aislados subidos en 2012.

Años después, en 2017, mi situación había mejorado considerablemente, y decidí que era el momento. Me planteé como meta subir cada semana un vídeo de valor al canal de YouTube. Así ha sido hasta hoy, y solo dejamos de subir vídeos un par de semanas en agosto y un par de semanas en Navidad. El resto del año, mi equipo y yo trabajamos duro para ofrecer buen contenido.

¿Qué tareas surgieron de esa meta que me propuse?

- Preparar un plan de contenidos.
- Preparar los rodajes a nivel técnico.
- Retocar la configuración del canal porque está abandonado.
- Buscar a alguien que edite los vídeos.
- Etc.

Ahora voy a poner un ejemplo de subtareas dentro de la tarea «Preparar un plan de contenidos»:

- Buscar qué temas interesan a la gente.
- Instalar la extensión TubeBuddy de Chrome para hacer un buen SEO en YouTube.
- Crear un calendario en Excel con los títulos que se irán subiendo mes a mes.
- Crear el guion de los cuatro vídeos que se subirán el primer mes.

Estas son solo algunas tareas y subtareas que surgieron para planificar esa meta, pero la lista era mucho mayor. Cuanto más especifiques las tareas que tienes que hacer, mucho mejor porque no te perderás por el camino.

El objetivo es que puedas ordenar todas estas tareas cronológicamente para que vayas tachando las completadas según te vas acercando a tu meta. Una vez hayas realizado todas las tareas, ¡celébralo! Lo has conseguido. A celebrar te enseñaré en otro capítulo porque es una habilidad esencial para el éxito.

Hay otra cosa que también deberías tener en cuenta a la hora de planificar tus tareas y subtareas: los recursos. Quizá con tus condiciones actuales te sea difícil realizar una tarea concreta, por lo que tendrás que buscar los recursos necesarios. A veces estos recursos son personas que van a ayudarte a ejecutar una tarea o a enseñarte cómo se hace; también pueden ser recursos económicos, pues te hace falta dinero para lo que quieres hacer; o recursos materiales, algo que necesitas comprar o que te presten. También suele ocurrir que tengas que aprender algo nuevo para poder llevar a cabo la tarea, quizá debas apuntarte a algún curso o formarte en algo como autodidacta.

En mi caso, por ejemplo, necesitaba que alguien me editara los vídeos (un recurso personal) y la cámara para grabar (un recurso material). Así que para realizar los primeros vídeos me ayudó una amiga que tenía una cámara profesional porque se dedicaba a los audiovisuales. Ella vivía en Mallorca e hicimos un trueque: yo iba allí cada tres meses y grababa todos los vídeos en un fin de semana y luego la ayudaba a grabar los suyos.

Otra cuestión importante a tener en cuenta a la hora de poner las tareas es darles una fecha límite. Ya hemos visto lo importante que es acotar en el tiempo todo lo que tenemos que hacer porque de lo contrario esa lista seguirá sin hacerse durante años y años. Para ello sabemos que hay que ser realistas. En mi caso no suelo poner más de tres metas al año en la empresa porque sé que son difíciles de cumplir aun teniendo un equipo que las gestione. ¿Qué hacemos si la meta es muy grande y abarca más de un año? Pues trocearla en varios años. Recuerda que nada es imposible, solo que cuanto más grande sea la meta, más tiempo necesitarás para conseguirla.

Una forma de visualizar este método para definir tareas es dividiendo algo grande (nuestra meta) en trozos más pequeños (tareas y subtareas). Quizá en este ejemplo puedas verlo más claro.

Meta: «Subir semanalmente un vídeo de valor al canal de YouTube antes de que acabe el año».

TAREA 1: Preparar un plan de contenidos		TAREA 2: Preparar los rodajes a nivel técnico	
SUBTAREA 1: Buscar qué temas interesan a la gente	SUBTAREA 2: Instalar la extensión TubeBuddy de Chrome para hacer un buen SEO en YouTube		
SUBTAREA 3: Crear un calendario en Excel con los títulos que se irán subiendo mes a mes	SUBTAREA 4: Crear el guion de los cuatro vídeos que se subirán el primer mes		

TAREA 3: Retocar la configuración del canal porque estaba abandonado		TAREA 4: Buscar alguien que edite los vídeos	

No solemos cumplir lo que nos proponemos porque no tenemos un plan de acción, por eso hay tantos sueños sin hacerse realidad. Con este método te aseguro que si realizas las tareas propuestas llegarás a la consecución de tus metas prácticamente sin darte cuenta. Si lo que quieres es subir a la cima de una montaña, lo primero que tienes que hacer es preparar el material que necesitas y luego empezar a caminar. Con el ejercicio de hoy, voy a señalarte cada paso que debes dar y en nada estarás clavando la bandera en la cima.

Ejercicio

A partir de las metas que te habías propuesto en el ejercicio anterior para los próximos doce meses, rellena la lista de tareas, subtareas y recursos, y no olvides poner fechas límite.

Tarea	Subtareas	Subtareas	Recursos (€ / Aprender / Quién / Etc.)	Fecha límite

Día 4

Protege tu tiempo

Ves en redes sociales a esa persona que tiene un cuerpo espectacular porque entrena todos los días, habla tres idiomas y está aprendiendo el cuarto, es cinturón negro en artes marciales, tiene tres hijos que parecen angelitos y una carrera profesional increíble. ¿Cómo diablos lo hace? ¿De dónde saca el tiempo?

En cambio, tú te levantas por la mañana, aún no te has quitado las legañas y ya estás estresado pensando en todo lo que debes hacer a lo largo del día. Sales de casa tomándote ese desayuno nada sano por el camino, en el almuerzo comes delante del ordenador, las horas corren y sientes que vas como pollo sin cabeza. Llegas tarde una vez más a recoger a tus hijos, y de todas las tareas que tenías previstas para el día no has hecho ni la mitad. Otro día más que toca calentar comida precocinada para la cena porque no te da la vida. ¿Entrenar? ¿Aprender algo nuevo? ¿Tiempo para mis *hobbies*? ¿Dónde cabe eso?

¿Cuál es la diferencia entre la primera persona y tu caso? La gestión del tiempo.

Los dos tenéis veinticuatro horas, pero la cuestión es cómo se administran esas veinticuatro horas.

El tiempo es el único activo que no se puede atesorar. ¿Te imaginas ir al banco y decir «Guárdeme esta horita que me ha sobrado hoy, que así la aprovecho el mes que viene cuando me haga falta»? Sería fantástico poder guardar las horas igual que hacemos con el dinero, pero por desgracia es imposible. El tiempo que malgastes hoy es tiempo que nunca vas a recuperar.

Dependiendo de cómo uses tu tiempo tendrás unos resultados u otros, y en este capítulo voy a enseñarte cómo gestionarlo a nivel maestro para que formes parte del club de esas personas que tanto envidias en estos momentos.

Seguramente, mientras hacías el ejercicio anterior te preguntabas cómo ibas a añadir más tareas a tu día a día para alcanzar tus metas si apenas logras acabar las que ya tienes. No desesperes, ¡se puede!

Ya te he contado que en 2017 decidí reactivar mi canal de YouTube y, aunque ya no estaba al borde del abismo empresarial y me iba bien, tampoco me sobraba tiempo para la ardua tarea de generar contenidos de valor en formato vídeo: preparar contenidos, guiones, vestuario, días de rodaje, posproducción, posicionamiento de los vídeos, etc. Todo eso son muchas horas.

Lo conseguí llevando a cabo las claves que te explico a continuación.

Eliminar el «no tengo tiempo»

Lo primero es eliminar de tu vocabulario el «no tengo tiempo». Tiempo tenemos todos, solo que quizá lo estás usando de un modo que difiere mucho de cómo lo utilizan las personas de éxito. Todos tenemos veinticuatro horas, ni los hombres y las mujeres más ricos del mundo tienen el privilegio de tener más horas al día. El tiempo está ahí, solo que tú has priorizado usarlo de un modo que no te está llevando a ninguna parte.

Voy a hacerte una pregunta y quiero que respondas con sinceridad: ¿cuántas horas dedicas a curiosear en redes sociales o a jugar en el móvil o a ver la televisión? Siendo muy prudente, estoy segura de que como mínimo una hora, ya que las estadísticas dicen que en España pasamos una media de 1,54 horas al día en redes sociales. Pero pongamos que tú «pierdes» una hora al día. Eso son 365 horas al año. Si lo traducimos en días de ocho horas laborables son unos 45,5 días, lo que viene siendo un mes y medio de tu vida «perdido». ¿Todavía crees que no tienes tiempo para escribir ese libro que querías escribir? ¿Para dedicarte a ese *hobby* que te apasiona? ¿Para aprender un idioma o montar una empresa?

Convéncete de que sí tienes tiempo para realizar las tareas del ejercicio anterior que te llevarán a conseguir tus metas. Lo único que debes hacer es empezar a priorizar y ser consciente del uso de tu tiempo. Tu nuevo mantra a partir de ahora es el «sí tengo tiempo».

Tareas robasueños

A parte de ser unos profesionales en perder el tiempo, hay muchas tareas que realizamos en el día a día que consideramos «normales» porque las hemos hecho toda la vida y están en nuestra rutina, pero nunca nos hemos parado a pensar por qué las realizamos y cómo podríamos hacer para que nos ocupen menos tiempo o, simplemente, dejen de ocupar tiempo en nuestra agenda.

Estas tareas son infinitas, no se acabarían nunca, pero debes analizar si te acercan a tus sueños, a las metas que ya hemos definido, u ocupan tiempo en tu agenda y no te dejan ni un minuto para añadir otras, las que realmente te llevarán al éxito... Si no te acercan, siento decirte que son tareas robasueños. Con esto no quiero que te vuelvas loco y de repente dejes de hacer todo lo que haces actualmente y lo sustituyas por esas tareas nuevas, pero sí debes empezar a optimizar tu tiempo con las siguientes soluciones:

Automatiza tareas. Ya hemos visto que la mayor parte de la población va como pollo sin cabeza por la vida. Esto hace que no nos paremos a analizar lo que hacemos, si hay formas más óptimas de hacer lo mismo ahorrando tiempo.

Imagínate que nunca has visto una lavadora y lavas la ropa a mano, prenda por prenda. Un día descubres que existe esta máquina en la que solo debes meter la ropa, añadir jabón y darle a un botón, ¡y lava toda la ropa! Pues te aseguro que existen muchas lavadoras de la vida. Siempre hay atajos y fórmulas para acortar el tiempo que le dedicamos a las tareas del día a día.

Por ejemplo, todavía me alucina que haya empresas que preparan cada mes sus facturas en Excel y tienen una persona dedicada solo a esa tarea, cuando hay miles de programas online que hacen las facturas de forma automática cada mes por ti, e incluso se las envían a los clientes. Una persona a tiempo completo dedicada a esto son unas ciento sesenta horas al mes, cuando con un programa podría reducirse a diez a lo sumo.

En lo cotidiano ocurre lo mismo, podemos organizarnos y automatizar procesos con cosas tan simples como establecer un menú de comidas y cenas que te permita hacer la compra una vez a la semana. Y si conoces el *batch cooking*, verás que puedes cocinar una o dos veces por semana y tener todo el menú hecho y preparado en tu nevera, con el ahorro de tiempo que eso conlleva.

Delega tareas. A veces la solución para ganar tiempo es delegar tareas en otras personas, pero pensamos que es caro y por eso no lo hacemos: nos ocupamos nosotros «para ahorrar». Te demostraré que muchas veces estamos equivocados respecto a ese «ahorro». Yo lo llamo «la falacia tiempo/dinero». Es cierto que si delegamos seguramente vamos a tener que desembolsar dinero, pero ese dinero no es una pérdida sino una ganancia. Por ejemplo, sería muy poco lógico que si el sueldo de Miriam, la asistenta que me ayuda con las tareas de la casa, es de doce euros la hora, prefiriese hacer yo las tareas de la casa para ahorrar dinero cuando el precio de mi hora de trabajo productivo es mu-

PROTEGE TU TIEMPO | 61

cho mayor. Si quisiera ahorrar de ese modo, en realidad estaría perdiendo dinero.

¿Qué sucede si vas a delegar en alguien cuyo sueldo es igual o superior a tu precio como profesional? Míralo como una inversión. Gracias a esas horas libres podrás llevar a cabo todas las tareas que en el futuro van a conducirte al éxito y probablemente, si tus metas están relacionadas con dinero, que estoy casi segura de que sí, también te llevarán a ganar más dinero para poder delegar más y mejor. Si uno quiere avanzar debe sacrificar algo.

Recuerdo la primera vez que contratamos a alguien en la empresa. Los ingresos de mi socio y los míos bajaron, pero tener ese empleado me permitió disponer de tiempo para seguir buscando nuevos clientes y crecer, que eran mis «tareas alcanzasueños», las que me llevaban a cumplir mis metas. Si hubiese seguido yo haciendo todas las tareas, hoy sería una freelance más ocupándose de todo y no habría crecido como lo he hecho.

Otra excusa para no delegar una tarea es el «tardo menos si lo hago yo que enseñando a alguien». Es cierto, te doy la razón, quizá la primera vez tardes más en enseñar a otra persona a hacer esa tarea que si la haces tú mismo. Pero ahora piensa en cuántas veces realizas esa misma tarea a lo largo de un año: si la respuesta es muchas veces, piensa en la formación de esa persona como una inversión.

Y una excusa más para no delegar es el «yo lo hago mejor». Te seré sincera, llevo muchos años con mi empresa y también he pasado por esa fase. Y la verdad es que «mejor» o «peor» depende de los ojos de quien lo mire. ¿Qué es mejor, un Picasso, un Miró o un Dalí? Es muy subjetivo… Pues con el modo en que realizas una tarea sucede exactamente igual, porque muchas veces que se haga de forma diferente a como la harías tú no significa que esté peor. Si la persona que limpia en tu casa no lo hace igual que tú, mientras el resultado sea satisfactorio y la casa esté limpia debería darte igual. Mi consejo para que no te pongas nervioso es que «más vale hecho que perfecto», y recuerda que si no liberas tu tiempo nunca podrás hacer cosas nuevas y alcanzar el éxito que tanto deseas para tu vida, te quedarás estancado. La perfección es la asesina de nuestro éxito.

Dejar de hacerlas. Otras veces, para ganar tiempo hay algo tan sencillo como dejar de hacer esa tarea que no nos lleva a ninguna parte. Es una de las cosas más difíciles que he tenido que hacer: eliminar tareas. Aunque te parezca una locura, no contesto todos mis e-mails, y algunos los borro. Piensa que recibo cientos al día, de la mayoría se encarga mi equipo pero algunos simplemente ni los contesto. Esto fue un reto para mí porque, como a todo ser humano, me gusta gustar a los demás, no soporto quedar mal, siempre he tendido a ser hipercomplaciente, hasta que me he dado cuenta de que eso me perjudica.

No tienes por qué ir a todas las fiestas del cole de tu hijo ni quedar con esa persona que no te cae bien. Elimina cosas que no te aportan.

Decir que no

En el punto anterior hablábamos de lo perjudicial que es intentar complacer a todo el mundo. Decir que sí a todo te está perjudicando en tu camino para alcanzar tus metas.

A medida que crezcas en tu éxito, tu abanico de oportunidades se va a abrir muchísimo porque establecerás más relaciones y porque a la gente le gusta estar rodeada de personas exitosas, así que vas a recibir todo tipo de invitaciones y, como ya hemos comentado, el día tiene veinticuatro horas.

Valora muy bien cada oportunidad, ya que por cada demanda a la que dices que sí, habrá algo a lo que después deberás decir que no. Y piensa en que cada vez que dices que no te estás diciendo que sí a ti, te estás priorizando y eso no es malo, no te hace peor persona. Cuando haces favores constantemente para complacer a los demás y quedar bien, estás trabajando para los sueños de los demás y dejando de lado los tuyos.

Cuando abrí mi empresa recuerdo que me pasaba las horas haciendo favores: campañas para amigos, cosas para clientes fuera de presupuesto, atendía llamadas de «consultoría» que supuestamente iban a ser de cinco minutos y acababan siendo de una hora… Lo hacía porque, total, «era un momentito». Pero al sumar esos momentitos eran muchas horas que podría haber dedicado a perseguir mis sueños. Con esto no quiero decir que nunca hagas un favor a nadie, pero elige muy bien en función de si te nace del corazón o simplemente lo haces para complacer. Por ejemplo, piensa en cuando te llama un teleoperador que te pregunta si tienes «un minuto» y sabes que acabarán siendo treinta; no tienes por qué quedar bien con esa persona que ni siquiera conoces. Vigila también cuando alguien te pide favores constantemente; si te valora de verdad sabrá que tu tiempo es tan importante como el suyo.

Evitar distracciones

Hay otra cosa que consume muchas de nuestras horas: las distracciones. Para aprovechar al máximo nuestro tiempo tenemos que aprender a tener foco. Hemos hablado de esa hora perdida en las redes sociales, pero te aseguro que pierdes muchas más con distracciones.

Imagina que debes realizar una tarea que te va a llevar dos horas, pero cada quince minutos tienes una «pequeña» distracción de dos minutos. Te entra un wasap, tienes una llamada, salta una notificación del e-mail en tu navegador, etc. Lo lógico es pensar que durante esas dos horas has perdido dieciséis minutos (dos minutos de distracción cada quince minutos), pero esto no es real porque no hay que calcular solo el tiempo que dejamos de hacer la tarea, sino también el tiempo que tardamos en volver a tener pleno foco. Por ejemplo, si estabas redactando un informe vas a tener que releer lo último que habías escrito y repensar lo que querías poner. Se estima que la mente humana necesita más de diez minutos para «volver al foco» que tenía antes. Por lo que si por cada quince minutos de concentración tienes, pongamos, una media de diez minutos para volver a la tarea, más los dos minutos perdidos, tenemos que para una tarea de dos horas vas a necesitar más de una hora y media extra. Concretamente, vas a tardar 3,36 horas. ¿Ves la importancia de evitar las distracciones?

Voy a darte algunas claves para evitarlas:

- Pon tu móvil en silencio cuando tengas que hacer una tarea importante. Y no lo tengas a la vista porque no podrás evitar mirar las notificaciones que aparecen en pantalla.
- Si la tarea debes realizarla en tu ordenador, cierra todas las pestañas del navegador y deja abiertas solo las que vas a utilizar. Quita también todas las notificaciones de tu ordenador.
- Si tienes compañeros que puedan interrumpirte, establece una señal para que sepan que en ese momento no te pueden molestar. En mi caso, cuando trabajaba en el mismo espacio que mi equipo, ellos sabían que si tenía puestos los auriculares es que estaba concentrada y, a no ser que fuese algo de vida o muerte, no podían interrumpirme. Siendo franca, la mayoría de las veces no escuchaba música, pero además de evitar distracciones me ayudaba a ponerme en «modo foco». Sabía que al ponerme los auriculares tenía que entrar de lleno en la tarea. Luego, cuando tuve un despacho separado del equipo, ellos sabían que si la puerta estaba cerrada no podían interrumpir. A ratos la dejaba abierta o salía a darme una vuelta por si necesitaban algo.

Bloqueo de tareas en nuestra agenda

Ha llegado el momento de hacer esas tareas que te van a llevar al éxito, pero sigues sin saber de dónde sacar las horas. Aun habiéndote dado tantas evidencias sobre la cantidad de tiempo que perdemos al día y que podemos aprovechar para realizarlas, lo más seguro es que acabes sustituyendo este tiempo por otras tareas robasueños.

La solución para asegurarte de que vas a hacer esas tareas es muy simple: debes bloquearlas en tu agenda. ¿Verdad que cuando tienes que ir al médico le haces un hueco en tus quehaceres y no se te ocurriría cancelar la cita para realizar una de esas tareas robasueños? Debes empezar a ver esas tareas que te llevarán al éxito como inamovibles en tu agenda.

Si te pone nervioso pensar que no vas a estar disponible en tu teléfono durante las horas que realices las tareas alcanzasueños, piensa que estás en la consulta del médico; no creo que suene el teléfono y le interrumpas para cogerlo. Piensa también que no hablamos de desaparecer días, solo son unas horas, y nadie se va a enfadar si no coges el teléfono o no contestas el e-mail en ese momento. Piensa que cuando estás reunido con otras personas, no estás disponible y no pasa absolutamente nada. Además, te cuento una ventaja de no coger el teléfono enseguida: cuando alguien te llama tiene todo el tiempo del mundo para hablar, en consecuencia la llamada siempre va a ser más larga e improductiva si contestas; en cambio, si devuelves luego la llamada, aunque solo sea al cabo de unos minutos, esa persona ya estará ocupada con otra tarea, por lo que irá más al grano y los dos ganaréis tiempo.

Agrupar tareas

Ya te habrás dado cuenta de que la multitarea es un mito y que, más que ser algo productivo, nos roba un tiempo precioso que podríamos utilizar para nuestras tareas alcanzasueños.

Algo que nos hace perder mucho tiempo en nuestro día a día es ir saltando de una tarea a otra constantemente. Muchas personas están en tres tareas a la vez y ya hemos visto que para ganar tiempo debemos tener foco total en solo una de ellas. La solución está en agrupar tareas de la misma naturaleza que acaben siendo una sola tarea, en vez de ir saltando entre ese informe que tienes que acabar, el e-mail, los wasaps, etc. Por ejemplo, puedes destinar un tiempo para responder todas las llamadas y los mensajes. Guarda varios momentos al día para hacerlo.

Si es importante aprender a agrupar tareas, también lo es que aprendas a dividirlas. Parece que hablemos de cosas antagónicas, pero te aseguro que no lo son, son complementarias a la hora de reservar tiempo para nuestras tareas alcanzasueños. En el capítulo anterior hemos visto que las tareas tienen subtareas, así que cuando te bloquees un tiempo en tu agenda ha de ser para algo muy concreto, no para la tarea general, porque tu meta se perdería ya que no sabrías qué tienes que hacer. Cuanto más concreta sea la tarea, más fácil será llevarla a cabo. Nada de poner tareas que te lleven más de ocho horas porque te será difícil encontrar ese foco y bloquear esas horas seguidas.

Te doy otro consejo para agrupar tareas que suelo hacer a menudo: la semana de «retiro», donde me dedico a un solo objetivo. Imagínate lo que puedo adelantar cuando estoy enfocada en una sola tarea, por ejemplo, escribir este libro, durante una semana entera sin leer correos ni hablar con mi equipo, y sin tener ninguna distracción. Si tienes tu propia empresa y no te atreves del todo, pon en tu e-mail una respuesta automática que diga que estás de vacaciones, la gente suele respetar más y entender mejor el concepto «vacaciones» a que decidas tener una semana de retiro para trabajar en tus tareas alcanzasueños. Si trabajas por cuenta ajena y quieres avanzar con un proyecto propio, puedes hacerlo en fines de semana de «retiro».

Cuadro horario

Para poder llevar a cabo todas las tareas que debes realizar en tu día a día y tener en cuenta la variedad de las mismas, te recomiendo que hagas un cuadro horario. El concepto es el mismo que cuando íbamos al colegio: sabías que los lunes tocaba matemáticas a primera hora, luego ciencias, y así cada día de la semana sabías qué clase tenías a cada hora. Quizá las primeras semanas te costaba recodar qué asignatura tenías, pero luego seguro que te lo sabías de memoria. Esto es lo que queremos conseguir con tus tareas, que sepas en todo momento qué debes hacer y a qué debes dedicar el tiempo. Y que reserves tiempo para poder hacerlo todo. Lo que no queremos es que llegue el lunes a primera hora y tengas que decidir a qué vas a dedicar tu tiempo, porque ese «tener que decidir» ya es una pérdida de tiempo. Por otra parte, deberemos cambiar de vez en cuando el cuadro horario porque nuestras tareas también variarán a medida que evolucionemos.

Voy a ponerte un ejemplo de mi cuadro horario. Te recomiendo que hagas el tuyo reservando varias franjas al día para diferentes tareas, pero en líneas generales sería:

Lunes: Reuniones con el equipo (tengo reservadas casi todas las horas con reuniones).

Martes: Generar contenidos de valor para mis redes sociales.

Miércoles: Rodaje de vídeos.

Jueves: Diferentes tareas de marketing.

Viernes: Libre (lo dedico a nuevos proyectos o para adelantar cosas atrasadas, o simplemente para tener un fin de semana de tres días).

Es importante que en tu cuadro horario dejes momentos libres para imprevistos, porque sabemos que los habrá, y para que no vayas agobiado deben tener también su lugar.

Verás que con el cuadro horario avanzarás mucho sobre todo en el ámbito profesional, porque podrás hacer más con menos tiempo.

Ejercicio

En el ejercicio de hoy quiero que busques tareas robasueños o distracciones recurrentes y que las apuntes en la primera columna. En la segunda columna anota cómo vas a solucionarlo ahora que ya tienes recursos sobre cómo gestionar tu tiempo.

TAREA ROBASUEÑOS o DISTRACCIÓN	CÓMO VAS A SOLUCIONARLO

Día 5

Encuentra tu porqué

Imagínate que en un viaje a Marruecos haces una visita a un orfanato donde hay niños de dos y tres años que prácticamente no saben caminar porque no los sacan nunca de sus cunas, y ves que están en un estado deplorable. ¿Qué harías? Pues mis amigas María y Sandra decidieron crear una ONG para ayudar a niños en esa situación.

María Fábregas es educadora infantil y Sandra Blázquez es actriz de televisión, y en ese viaje decidieron cambiar sus vidas por completo porque se dieron cuenta de que lo que realmente deseaban era ayudar a esos niños. En cuestión de un mes crearon Idea Libre. Empezaron construyendo un colegio en Marruecos que ya no gestionan y luego continuaron el proyecto en Kenia, donde tienen una preciosa escuela en el poblado de Chumvi, que he tenido el placer de visitar y donde he comprobado el gran trabajo que están haciendo. Si te dieses una vuelta por la escuela verías una situación idílica: más de doscientos niños felices por comer cada día (antes de ir a la escuela no era así) y por tener la oportunidad de educarse y tener un futuro. La realidad detrás de esa foto feliz es que no todo ha sido un camino de rosas para ellas. Al principio daban clases debajo de un árbol porque no disponían de un aula. Han querido quitarles las tierras donde ahora está la escuela, han intentado extorsionarlas y sacarles dinero, y además han tenido que buscarse la vida para conseguir socios y donaciones para mantener el proyecto a flote.

Los baches han sido interminables y han derramado lágrimas de impotencia ante algunas situaciones injustas, pero ¿cómo han podido seguir adelante? Tenían un porqué.

Cuando hay un porqué, no hay nada que nos detenga. Ni la mayor de las dificultades puede hacer que abandones tu camino.

Muchas personas confunden el porqué con el para qué, por eso cuando le preguntas a alguien por su «porqué» es muy típico que te conteste con el siguiente «para qué»: «Para tener más dinero». Te aseguro que si lo único que te motiva para avanzar es el dinero, va a ser muy fácil que te desmotives, que a la mínima dificultad abandones y no consigas tus propósitos. El dinero es un medio, no un fin. Con él podemos avanzar más rápido hacia nuestro propósito, pero nunca es un fin en sí. Si el dinero fuese un fin, María y Sandra nunca habrían sacado adelante Idea Libre. Montar una ONG no te va a hacer millonario, pero sí inmensamente feliz y exitoso en tu vida si eso es lo que quieres. El dinero es importante porque las ayuda no solo a mantener el proyecto, sino a hacerlo crecer y añadir nuevos alumnos cada año. Es un medio, no un fin. Es el porqué hacen lo que hacen.

¿Cómo podemos encontrar nuestro verdadero porqué?

Si te pregunto por tu porqué para querer alcanzar las metas que te has propuesto en los ejercicios anteriores seguramente saldrán los «para qué». El verdadero porqué suele estar escondido y es difícil de encontrar ya que la razón y la lógica están tapando al corazón y a nuestro ser más profundo.

Para sacarlo debemos hacernos tantas preguntas como podamos relacionadas con el porqué.

- ¿Por qué quiero alcanzar esta meta?
- ¿Por qué valoro esta meta en mi vida por encima de otras?
- ¿Por qué no quiero quedarme en la situación actual?

Cada vez que des respuesta a estas preguntas sigue preguntándote el porqué… Te recomiendo que utilices la herramienta de los siete niveles de profundidad del porqué. Es tan simple como preguntar «por qué» siete veces refiriéndote siempre a tu respuesta anterior. A partir del cuarto nivel empezarán a aflorar los «porqué» verdaderos.

Por ejemplo, si tu meta era «Ganar dos mil euros limpios al mes antes de acabar el año», estas serían algunas posibles respuestas:

- ¿Por qué quieres ganar dos mil euros limpios al mes antes de acabar el año?
- Porque no quiero pasarlo mal con el dinero.
- ¿Por qué no quieres pasarlo mal con el dinero?
- Porque me estreso cada vez que miro la cuenta del banco y está temblando. Eso me genera ansiedad.

- ¿Por qué te genera ansiedad ver tu cuenta del banco?
- Porque pienso en todo lo que debo, en todo aquello que no puedo hacer y en qué pensarán mis hijos si no les doy lo que se merecen.
- ¿Por qué piensas en lo que pensarán tus hijos?
- Porque no quiero que me vean como un fracasado.

En este punto vamos por el cuarto nivel y ya ha salido un porqué importante para esta persona: sus hijos, algo que quizá no había pensado al principio. Si siguiéramos indagando saldrían muchas más razones para encontrar su verdadero porqué.

Friedrich Nietzsche dijo: «Aquel que tiene un porqué para vivir se puede enfrentar a todos los "cómos"».

Los baches en el camino vendrán, eso tenlo por seguro, y para poder sortearlos necesitas motivación. Pues bien, no hay mayor motivación que tener claro nuestro porqué, el porqué hacemos lo que hacemos, el motivo que nos hace levantarnos cada mañana.

Conocerlo te va a dar sensación de plenitud, y aquellos que no tienen la suerte de conocer el suyo se sentirán perdidos en la vida y, por desgracia, eso les puede llevar a la depresión.

Solo he tenido depresión dos veces en mi vida. Una fue hace pocos años debido a una pérdida gestacional, pero la primera fue en mi adolescencia por un desconocimiento de mi porqué. En ese momento no sabía que tenía depresión y seguramente mis padres tampoco; ahora, viéndolo con perspectiva, estoy segura de que era así. Por las noches no lograba dormir y por las mañanas faltaba al instituto porque dormía hasta el mediodía, no tenía ganas de levantarme de la cama, por dentro me sentía vacía, no le encontraba el sentido a nada: ¿estudiar?, ¿para qué?, ¿por qué? No sabía lo que quería, no tenía ningún propósito ni ninguna razón para vivir. Comentando esto con más personas, por lo visto es habitual en algunos adolescentes pasar por esa fase en la que incluso llegas a pensar qué sentido tiene vivir y qué pasaría si no existieses.

Imagínate lo importante que es conocer tu porqué para dar sentido a tu vida.

Los «porqué» más potentes en la vida tienen que ver con la contribución y la ayuda a los demás. Llámame ilusa, pero siempre he creído que el ser humano disfruta más del dar que del recibir. Cuando entregas los regalos de Navidad y tu familia los abre, ¿acaso no sientes una felicidad inexplicable al ver sus caras de ilusión y alegría? ¿Más que cuando abres los tuyos?

Con el tiempo descubrí que no soy una ilusa. Así lo confirma un estudio de Ed O'Brien, de la Universidad de Chicago, y Samantha Kassirer, de la Universidad Northwestern. El estudio concluye que la alegría de dar dura más tiempo que la de recibir. La felicidad que sentimos ante un evento en particular disminuye cada vez que experimentamos ese mismo evento. Este fenómeno se llama «adaptación hedónica». Pero según estos psicólogos, dar a los demás es la excepción para esta regla porque la alegría se mantiene, e incluso puede aumentar.

Desde hace unos años tengo claro mi porqué: ayudar, inspirar, motivar y dar recursos a las personas para que puedan llevar la vida que desean. Que puedan tener el negocio de sus sueños, que les haga feliz y les aporte no solo dinero sino también libertad. Evitarles algunos baches por los que yo ya he pasado, porque no quiero que nadie los sufra. Siento que tengo una deuda con la sociedad y debo devolver un poquito de lo que la vida me está regalando. Eso es para lo que he venido a este mundo. Mi porqué.

Como ves, tiene mucho que ver con la contribución. Cuando conocí mi porqué empecé a tomar mejores decisiones, siempre alineadas con este porqué, lo que me ayuda a no distraerme en el camino o, cuando lo hago sin darme cuenta, tener la capacidad de reconducirme y volver a mi cauce.

Si mi única motivación fuese el dinero y no mi porqué, seguramente ahora no estaría invirtiendo mi tiempo en escribir este libro, del cual no voy a sacar un rendimiento económico ya que los beneficios irán destinados a Idea Libre. No, estaría invirtiendo este tiempo en un cliente nuevo de la agencia, en lanzar un nuevo producto o un nuevo *webinar* que me haga ganar dinero a corto plazo. Pero quizá en eso no encontraría la satisfacción y la plenitud que me causa pensar cómo este libro puede ayudar a miles de personas a cambiar sus vidas y el impacto que tendrá al llegar a más gente y llevar mi fin más lejos.

Cuando tienes un propósito claro, el dinero acaba llegando como consecuencia, en forma de nuevas oportunidades, y de eso me he dado cuenta a lo largo de estos últimos años. Concéntrate en tu misión, en tu porqué, y el dinero llegará en abundancia, aunque sea más tarde.

Si te fijas, el «para qué» siempre tiene un componente egoísta: para tener más dinero (para mí) o para ser más reconocido (yo). Cuando definas un buen «porqué» intenta ver qué contribución dejas al mundo con lo que estás haciendo a día de hoy.

Simon Sinek, el autor del libro *Encuentra tu porqué: Una guía práctica para encontrar un propósito en el trabajo* y quizá la persona que más ha investigado sobre este tema, escribió que solo cuando entiendes tu porqué, tu propósito, eres más capaz de perseguir aquello que te llena. Eso te servirá como guía para todas las decisiones y las acciones que tomes desde ese momento, permitiéndote medir tu progreso y sabiendo cuándo has alcanzado tus metas, que es justo lo que hemos visto hasta el momento.

Para que esas metas tengan un gran significado para ti y sean lo suficientemente motivadoras, primero tienes que encontrar tu porqué, el norte que siempre marcará tu rumbo.

Ejercicio

Una vez realizada la búsqueda de tu porqué con todas las claves que hemos visto hoy, escribe cuál es tu mayor porqué en lo que haces en tu día a día, ese que da significado a todas tus metas y objetivos.

TU MAYOR PORQUÉ

Día 6

Rompe tus pensamientos limitantes

Hoy te voy a presentar a tu mayor adversario a la hora de conseguir el éxito: tus pensamientos limitantes. Como dice la famosa frase de Henry Ford: «Tanto si crees que puedes como si crees que no puedes, estás en lo cierto».

¿Alguna vez tu mente te ha «regalado» alguna de estas afirmaciones?

- «No puedo hacerlo». Por ejemplo: «No puedo hablar en público».
- «No tengo suficiente». Por ejemplo: «No tengo suficiente dinero para emprender».
- «No soy bastante». Por ejemplo: «No soy bastante inteligente» o «No estoy bastante preparado».

Todas están relacionadas con el «no puedo…», «no tengo…» o «no soy…».

Si no son los ejemplos que te he dado, seguro que serán otros que empiezan por «no» más alguno de esos verbos.

¿De dónde vienen esos pensamientos? De creencias que tenemos arraigadas desde hace años. Por eso muchas veces diremos «creencias limitantes» en vez de «pensamientos limitantes» para referirnos a aquello que nos limita.

Somos un conjunto de experiencias vividas, y muchas veces estas nos condicionan porque las vivimos como verdades que creemos absolutas (creencias), pero que solo son resultado de nuestra percepción o de cosas aprendidas de la gente que nos rodea.

Hace poco fue la verbena de San Juan, y donde vivo celebramos esta fiesta saliendo a la calle por la noche a tirar petardos y lanzar fuegos artificiales. Es una noche en la que los perros no suelen pasarlo muy bien porque tienen miedo. Para mi perrita Kenia era su segundo año de verbena. El año pasado era un cachorro de dos meses y ni se inmutó por el ruido de los petardos, y este año empezó igual, cuando escuchaba los ruidos constantes, incluso los más fuertes, seguía como si nada. Por la noche, mientras mi pareja y yo cenábamos, ella estaba jugando tranquilamente en el jardín y en un momento dado alguien lanzó unos fuegos artificiales justo encima de casa. Sonó muy potente y las luces de colores eran muy intensas justo encima de nosotros. ¡Hasta yo me asusté! Pensaba que se me caían encima. Kenia empezó a correr por el jardín intentando refugiarse, luego entró en casa y ya no quiso salir más. Se pasó toda la noche escondiéndose con cada petardazo, yendo desesperada de un lado a otro, con la respiración acelerada y temblando. Al día siguiente, que es festivo, mucha gente sale a tirar los petardos que le sobraron la noche anterior, y Kenia seguía igual, cada vez que había un ruido fuerte entraba en casa corriendo, cuando los días anteriores ni se inmutaba.

Kenia tuvo una experiencia traumática que quizá la marcó de por vida y su comportamiento ahora siempre estará definido por lo que vivió esa noche de San Juan.

Quizá pienses que esto le pasa a un perro y no a un humano. Y sí, quizá con un perro se puede ver ese cambio más rápido, por eso he puesto este ejemplo, pero te aseguro que con los humanos sucede exactamente igual. Y no solo con las experiencias traumáticas que suceden una vez en la vida, también con información que vamos recibiendo con cuentagotas y que con el tiempo nos va calando.

Si tu familia te cuenta que hace años tu tía Juana perdió la mano en un accidente que tuvo con los petardos; si cada San Juan tus padres te esconden en casa para que no estés cerca de los petardos; si cuando vas por la calle y hay alguien con petardos se ponen tensos, te cogen fuerte del brazo y te hacen cruzar de acera, al final eso te acaba marcando. Tú vas a tener la creencia de que los petardos son peligrosos, son malos, y aunque esto con trabajo se puede cambiar, casi seguro que nunca querrás tirar un petardo porque estarás marcado por esa creencia.

Tener este tipo de creencias es peligroso porque con el tiempo es probable que ese pensamiento acabe siendo realidad; esto no es magia, se llama «profecía autocumplida».

El sociólogo Robert King Merton, basándose en los estudios de William I. Thomas, determinó que las personas responden a la percepción y al sentido que le dan a las cosas o las situaciones y no a la realidad objetiva.

¿Qué consecuencias tiene esto? Que tus acciones están influenciadas por esa percepción, por lo que sin darte cuenta acabas haciendo cosas que te llevan al resultado que habías predicho. Imagínate lo peligroso que es esto si tu percepción y tu predicción son negativas. Volvamos a la frase de Henry Ford: «Tanto si crees que puedes como si crees que no puedes, estás en lo cierto».

Para explicar la profecía autocumplida, Robert King Merton ponía de ejemplo el caso del Last National Bank en 1932. Se corrió el rumor infundado de que el banco iba a quebrar, con lo que el miedo se extendió entre todos los clientes y fueron a retirar su dinero, por lo que finalmente el banco acabó quebrando.

El siguiente ejemplo seguro que te suena: ¿nunca te ha pasado que piensas «Uy, que me voy a caer, que me caigo, que me caigo…», y al final te caes? Eso también es una profecía autocumplida.

En el caso de los petardos, si crees que son peligrosos y un día pruebas a tirar uno, estarás tan nervioso que es posible que lo hagas mal y se acabe cumpliendo tu profecía: que no lo lances lejos y explote a tus pies o, peor aún, que tengas un accidente.

Recuerda siempre esta frase: «Si lo crees, lo creas». Y así es para todo, ya sea algo positivo o negativo.

Hay otro error que distorsiona nuestra realidad y no nos deja avanzar hacia el éxito: el «sesgo de confirmación». Cuando nuestras creencias limitantes son fuertes necesitamos la aprobación continua de nuestros pensamientos, así que tendemos a poner el foco en aquello que confirma nuestra profecía. Por ejemplo: cada San Juan ves las noticias y si hay algún accidente con petardos te dices: «¿Lo ves? Siempre hay accidentes con los petardos». Tu foco va a esos casos aislados y no ve que miles de personas han estado disfrutando de la experiencia de tirar petardos sin que les ocurriese nada.

En el mundo del emprendimiento sucede mucho cuando tu creencia es que todos los negocios acaban cerrando. Si hay sesgo de confirmación, cada vez que veas que un negocio echa el cierre te dirás: «Todos los negocios acaban cerrando». Por desgracia, eso hará que si has abierto tu negocio hace poco estés desmotivado, no hagas todo lo que está en tu mano para que prospere e inevitablemente tendremos la profecía autocumplida: ¡tu negocio acabará cerrando!

También puede ocurrir si piensas que te van a despedir: tu actitud va a cambiar en tu día a día, te vas a bloquear y no serás capaz de hacer tu trabajo de forma eficiente; y total, como «te van a despedir», ya no vas a aportar la innovación y la creatividad que solías aportar, tus superiores van a percibirlo y es posible que acaben despidiéndote de verdad.

A esa vocecita que escuchamos en nuestro interior con esos pensamientos limitantes que afloran a diario yo no le haría demasiado caso. Cuando la escuches, piensa que quien habla es otra persona, no tú. Incluso puedes ponerle nombre. A mí a veces me habla «la Yudi», esa Judit con miedos que un día dice una cosa y otro día dice otra. Esa persona no eres tú, porque si analizamos lo que dice verás que es una persona neurótica, que cambia de parecer cada cinco minutos o, peor, cada cinco segundos. Tu verdadero yo está más en tu «ser» que en tus pensamientos, en quien eres de verdad, pese a todas esas creencias heredadas.

¿Qué podemos hacer para que esos pensamientos limitantes no nos afecten en nuestro camino al éxito?

Lo primero es identificarlos, y para ello responde a las siguientes preguntas:

- ¿Qué frases acuden a tu mente cuando sientes miedo por una situación concreta?
- ¿Qué te está impidiendo actuar e ir a por tus metas?
- Cuando te sientes atascado, ¿qué pensamientos acuden a tu mente?

Una vez identificados, para desmontarlos responde a las siguientes preguntas:

- ¿Hay alguna prueba de que esos pensamientos que casi transformas en afirmaciones sean ciertos?
- ¿Hay alguna prueba contraria a tu pensamiento?
- ¿Estás tratando de interpretar una situación sin tener pruebas suficientes?
- Si miras la situación de una forma positiva, ¿es diferente ahora?, ¿cómo de diferente? Explica cómo cambia la perspectiva.
- ¿Esta situación positiva va a tener una repercusión positiva en ti en los próximos años?

Por ejemplo, si la creencia, y en consecuencia el pensamiento, limitante es: «Si naces en una familia pobre nunca tendrás éxito en la vida».

¿Tienes pruebas de que esto sea verdad en el cien por cien de los casos? Busca pruebas de lo contrario, por ejemplo tecleando en Google: «Personas exitosas que nacieron en una familia pobre». Te aseguro que saldrán muchos casos. Una vez que sabes que sí es posible, sentirás la afirmación de un modo diferente. Piensa ahora en qué repercusión podría tener en tu vida en los próximos años esa afirmación de «sí se puede». ¿Crees ya que sí es posible tener éxito aunque hayas nacido en una familia pobre?

A este ejercicio de buscar personas que nos inspiren porque ya han conseguido los resultados que deseamos lo llamo «Tu gran doble». Es una persona como tú pero que ya ha alcanzado ese estado en el que a ti te gustaría estar.

Mi gran doble siempre ha sido Marie Forleo. Desde que supe quién era hace años la he admirado no solo por sus resultados sino por sus valores, por quien es. A día de hoy ya puedo decir que estoy un poquito más cerca de ser «la Marie Forleo hispana», y eso que cuando la conocí no tenía ni cien seguidores en mis redes sociales y todavía me quedaba mucho por aprender y hacer.

Uno de los puntos fuertes de buscar referentes, esos «grandes dobles» (puedes tener más de uno si quieres), es que además de inspirarte para el «sí se puede» y romper todas tus creencias limitantes, también pueden marcarte el camino para conseguir los mismos resultados. Solo tienes que preguntarte: ¿qué ha hecho esta persona en los últimos años para encontrarse ahora en la situación en la que a mí me gustaría estar? Si yo quería ser Marie Forleo tenía que empezar a publicar en redes contenido de valor, dar ponencias, etc. Y así lo hice.

Una vez tengamos la prueba de que nuestros pensamientos son infundados y por lo tanto limitantes debemos transformarlos en afirmaciones positivas, y en eso consiste el ejercicio de hoy: tendrás que identificar una lista de pensamientos limitantes y transformarlos en afirmaciones que puedas leer cuando estos pensamientos vuelvan a tu cabeza.

Las afirmaciones se consiguen transformando ese pensamiento limitante en positivo, y debes formularlas en presente y en primera persona. Por ejemplo:

- Yo hablo bien en público.
- Yo puedo tener éxito.
- Yo soy una buena empresaria.

Importante: nunca utilices el negativo porque si no le estarás diciendo a tu mente justo lo que no quieres creer.

Mi consejo es que escribas esas afirmaciones en un pósit y lo pegues por la casa o tu lugar de trabajo para que puedas verlo constantemente y así recordárselo a tu mente.

Ejercicio

Para empezar, rellena la primera columna con tres pensamientos limitantes que hayas identificado. Luego anota en la siguiente columna las consecuencias negativas de tener ese pensamiento, por ejemplo cómo te está impidiendo alcanzar tu éxito. En la tercera columna apuntarás los beneficios que obtendrías al eliminar ese pensamiento o creencia limitante. En la cuarta columna escribe la acción que vayas a realizar para probar que no es así.

En este caso puede ser una pequeña acción para demostrarte a ti mismo que ese pensamiento es erróneo y está equivocado. Por ejemplo, si crees que no puedes hablar en público, da una pequeña charla a tus amigos para demostrarte lo contrario. Si tu pensamiento limitante es que no se puede emprender sin dinero, busca a tu primer cliente sin invertir un euro contactando por teléfono con potenciales clientes hasta que uno te diga que sí.

Para finalizar, en la última columna quiero que transformes el pensamiento limitante en una afirmación positiva.

Condicionamiento mental Pensamientos limitantes	Consecuencias negativas	Beneficios de eliminar este pensamiento	Pequeña acción que demuestre que sí se puede	Afirmación

Día 7

Ve las crisis como oportunidades

¿Qué harías si te dicen que va a pasar un huracán por encima de tu casa? Probablemente huir lo más rápido posible para no estar ahí cuando llegue.

Justo lo contrario es lo que hizo sir Richard Branson, el fundador de Virgin, cuando en 2017 el huracán Irma, que prometía ser uno de los más devastadores de la historia, amenazaba con pasar por encima de su casa en la isla Necker. Branson decidió quedarse para vivir la experiencia. No es de extrañar, ya que es conocido por vivir experiencias límite y en alguna ocasión ha estado cerca de la muerte.

Lo que la mayoría vemos como una crisis, Branson lo ve como una gran oportunidad. Probablemente esa es la actitud que le ha llevado a ser una persona tan exitosa en la vida, porque una de las principales habilidades de las personas de éxito es ver las crisis como oportunidades.

Debemos partir de la premisa de que si no hay crisis no hay evolución. Si llevamos una vida muy llana, donde nunca hay sobresaltos y todo es fácil, seguramente no hagamos ninguna acción para superarnos, estaremos estancados.

En mi caso te puedo decir que los grandes saltos a mejor en mi vida siempre han venido después de grandes baches.

Una de mis grandes crisis fue en 2013. Llevaba cuatro años con mi primera empresa, Prodigitalweb, que había fundado con mi exsocio y también expareja, pero en las Navidades de 2012 tomé una de las decisiones más importantes y dolorosas de mi vida. No empezaría el año en esa empresa, junto a esa persona que me causaba tanto sufrimiento. No era una buena persona, la situación era insostenible y no se merecía toda mi energía. Debía apostar por separarme y montar otra empresa, así que me fui con una mano delante y otra detrás, sin clientes y prácticamente sin dinero; solo tenía tres mil euros en el banco que se fueron en la fianza y los muebles de la nueva oficina. Así me vi el primer mes, con una nómina que mantener, porque Laura se vino conmigo, y a día de hoy sigue a mi lado, y ningún ingreso con el que pagar los gastos fijos.

Fue un año muy duro en Publielevator, así se llamaba la nueva empresa, aunque a día de hoy se llama Agencia XL; salía a hacer visitas a potenciales clientes prácticamente todos los días para cubrir gastos, pero nunca llegaba a pagar mi cuota de autónomos, que venía con recargo, y a Laura le pagaba tarde. Ahora me doy cuenta de que realmente debía creer mucho en mí para aguantar a mi lado. Por si eso fuera poco, mi exsocio empezó a dejar de pagar los impuestos en la empresa donde yo constaba todavía como administradora. Era una persona tan inestable y le tenía tanto miedo que me sentía incapaz de reclamarle que firmase mi salida de la empresa; lo intenté, pero no quería, es de esas personas que prefiere verte hundida aunque la marea también se lo lleve a él por delante. Necesitaba su firma para todo, incluso para cancelar la cuenta que teníamos en común.

Cuando dejó de pagar la seguridad social de los trabajadores y de presentar los impuestos como el IVA y el IRPF, todas las multas recaían en mí. Os podéis imaginar la de lágrimas derramadas al ver que el poco dinero que entraba en la nueva empresa se lo llevaban las multas y las deudas que no eran mías, yo no estaba allí desde hacía meses. En la cuenta bancaria de la antigua empresa nunca había dinero porque, cuando los clientes pagaban, él se hacía una transferencia a su cuenta personal, pero los gastos de suministros de la oficina que él seguía usando, incluso su móvil, llegaban a esa cuenta de la que yo seguía siendo titular, así que cuando el descubierto llegó a seiscientos euros el banco me incluyó en la lista de morosos, la RAI, y eso me impedía solicitar un préstamo ese año para sacar adelante mi empresa.

La situación era realmente mala y mis ánimos estaban por los suelos. Dudaba de mi capacidad como empresaria y en muchos momentos tuve la tentación de meterme en InfoJobs, buscar un trabajo fijo y dejarlo todo.

Hoy doy gracias por ese año, porque para mí fue un despertar, un «si no empiezas a hacer las cosas de forma diferente no sales de esta». De hecho, recuerdo como si fuese ayer el momento en que todo cambió. Había firmado un proyecto de cuatro mil euros con un cliente y estaba esperando el ingreso del 50 por ciento inicial. Cuando fui al banco para ver si se había abonado, buenas noticias, habían ingresado el dinero, pero la mala noticia es que me habían vuelto a embargar y mi cuenta estaba a cero. Esto mismo ya me había sucedido antes, pero esa vez tuvo un significado diferente. Me dije a mí misma que no volvería a ocurrir nunca más, y en caso de que sucediese no sería lo mismo porque mi cuenta tendría suficiente dinero para aguantar eso y cualquier otro imprevisto. Al día siguiente cogí mi tarjeta de crédito, que nunca había utilizado, y me apunté a una formación del coach de alto rendimiento Brendon Burchard, cosa que no hice antes porque «no tenía dinero». Fue la mejor decisión de mi vida, a partir de ahí vinieron muchos otros mentores y mi empresa empezó a ir bien.

Si no llego a estar en esa situación desesperada sé que a día de hoy no estaría en la posición en la que estoy, no habría necesitado ese primer mentor, no me habría atrevido a hacer muchas cosas que me sacaron de mi zona de confort pero que me ayudaron a avanzar, por ejemplo dar charlas.

Como personas de éxito que somos (sí, convéncete de que tú también lo eres, de lo contrario no estarías leyendo este libro), es primordial tener una actitud positiva ante las crisis. Cada vez que llegue una debemos verla como un regalo; puede que te parezca que viene envuelto con un papel «de mierda», y perdona que sea tan dura con la expresión. Pero cuando quites el envoltorio podrás ver que dentro había un regalo escondido, un gran aprendizaje, algo que va a marcar un antes y un después en tu vida.

Aunque muchas veces nos digamos que era mejor que ese acontecimiento no se hubiese producido, debemos ver siempre el aprendizaje que sacamos de ello.

La gente se sorprende cuando digo que aprendí mucho de la muerte prematura de mi padre cuando yo tenía tan solo veinticinco años. Hacía dos años que había montado mi primera empresa, así que trabajaba de sol a sol y no tenía tiempo para nada. Llevaba un par de años diciéndole a mi padre que quería acompañarle a escalar una vía ferrata, algo que él hacía a menudo y que a mí también me gusta. Un día se murió sin previo aviso y nunca llegué a escalar esa vía ferrata con él. Aprendí que las cosas que de verdad importan no hay que dejarlas para mañana, que cuando estés bajo tierra dará igual cuánto dinero tengas en el banco, ni si tu empresa ha llegado más o menos lejos; lo que te llevas son las experiencias vividas con aquellos a los que más quieres. Desde entonces, si estoy en Barcelona nunca he faltado a casa de mi abuela los sábados, donde nos reunimos la familia para comer juntos. Mi tiempo con los míos es tan sagrado o más que el tiempo que dedico a hacer crecer mis negocios.

Con la muerte temprana de mi padre podría haberme quedado con la actitud victimista de «pobrecita de mí», pero, pese a que me duele en el alma y lo que más desearía es tener a mi padre aquí conmigo, decidí aprender, evolucionar e intentar sacar algo positivo de ello.

Tener una actitud positiva es primordial para el éxito, pero también para la salud: según un estudio dirigido por el *American Journal of Epidemiology*, los optimistas tienen un 40 por ciento menos de probabilidades de sufrir accidentes cardiovasculares. Imagínate lo importante que es en tu vida el cómo afrontas las cosas.

Ejercicio

En el ejercicio de hoy quiero que pienses en aquellas situaciones que viviste en el pasado que aparentemente eran malísimas pero que luego se convirtieron en positivas. Puede que tu pensamiento limitante ahora te esté diciendo que es imposible, que todo lo malo que has vivido evidentemente fue malo, pero vamos a poner algunos ejemplos en los que quizá te reconozcas.

Cuando te echaron de aquel trabajo y gracias a eso encontraste otro muchísimo mejor; fue una oportunidad para trabajar en algo que realmente te gustaba.

O aquella pareja que tuviste que te rompió el corazón pero que gracias a eso quizá hoy estés con el amor de tu vida.

Escribe tres experiencias negativas que hayas tenido donde aparentemente la situación era muy mala y luego escribe cómo se convirtió en algo bueno.

SITUACIÓN MALA	SITUACIÓN BUENA

¿Para qué queremos tener identificadas estas tres experiencias?

A partir de ahora, cada vez que pases por una crisis quiero que pienses en estas situaciones. Cuando vengan a tu memoria serás capaz de quitarle hierro a la situación problemática actual y saber que algo mejor te espera después de la crisis.

Día 8

Focalízate en las soluciones y no en los problemas

Gonzalo, uno de mis trabajadores, un día se sentó conmigo porque tenía algo que decirme. Mientras tomábamos un café me anunció que se iba de la empresa, que quería montar su propio proyecto y no podía compatibilizar las dos cosas. Mi respuesta fue que adelante. Le pregunté cuándo se iba, y le dije que era una gran pérdida pero que le entendía y estaba feliz por él. Le extrañó mi entereza, realmente era un problema que se fuese porque llevaba muchos clientes y muchas tareas y sería complicado sustituirle rápido. Viendo mi reacción, me comentó que una de las cosas que más admiraba de mí como empresaria era cómo me tomaba estos problemas, que se me veía muy tranquila cuando otro estaría estresado o incluso enfadado por su decisión. Yo le contesté que era mi trabajo y mi día a día. Si por cada problema que llegaba a la empresa tuviese que estresarme, ya me habría dado un infarto.

Lo cierto es que eso se aprende con el tiempo, reconozco que cuando empecé mi primer negocio cualquier «problemilla» se me hacía un mundo y me quitaba el sueño por las noches. Pero como empresaria necesito la habilidad de concentrarme en la solución y no en el problema, y eso no solo aplica a los empresarios. Solemos preocuparnos demasiado por cosas que no podemos controlar; es bueno aceptar: si no puedes controlarlo, no merece la pena darle tantas vueltas, ¡es una pérdida de tiempo! Busca soluciones rápidas.

Las personas de éxito no los llamamos «problemas», sino «retos». Es importante cambiar las palabras que usamos para referirnos a las cosas y cómo se relaciona esto con el éxito. Así que a partir de ahora ya no tienes problemas en la vida, sino retos a superar.

Hay quien piensa que, como tengo éxito en los negocios, mi empresa nunca debe enfrentarse a retos, que todo es perfecto y maravilloso en el día a día; pero eso no es así, ni en mi empresa ni en ninguna. Todos los negocios que triunfan se enfrentan a retos diarios, solo que los ven como parte del proceso. Siempre digo que el papel principal del CEO de una empresa es el de «solucionador de problemas»; transformamos problemas en retos y sabemos focalizarnos en la búsqueda de soluciones. Una persona de éxito no es aquella que tiene menos «problemas», sino aquella que sabe solucionarlos de la forma más inteligente.

Febrero de 2020 será un mes recordado por todos. En enero brindábamos por el año nuevo, comentando el curioso caso de esos chinos que tenían «una gripe que les había contagiado un murciélago», y en marzo estábamos todos encerrados en nuestras casas en lo que parecía una película apocalíptica. La incertidumbre se extendió casi tan rápido como el virus y de un día para otro en la empresa dejamos de vender nuestras formaciones. Invertíamos dos mil euros diarios en publicidad y no se vendía nada. Es decir, estábamos perdiendo dos mil euros al día. He de decir que pasé un par de días donde mi tranquilidad habitual brillaba por su ausencia, era una situación tan insólita que no sabía cómo actuar. Le dije a nuestro equipo que parase todas nuestras campañas, medité mucho esos días para recuperar mi paz mental y tener claridad, y luego me puse a trabajar en la solución. En dos semanas, lo que parecía un problema se convirtió en una ventaja. Cambiamos toda la comunicación de nuestros anuncios y la adaptamos a las circunstancias, creé un curso específico para ayudar a las empresas en la situación en la que estaban y pasamos de no facturar nada a facturar más de doscientos mil euros en un mes.

Podría haberme quedado en el problema, el miedo podría haberse apoderado de mí y haberme paralizado, como les pasó a muchos empresarios que decidieron «esperar», dejar que todo pasase, y por ello perdieron muchas oportunidades, porque las crisis, como ya hemos visto, pueden convertirse en oportunidades.

En el capítulo anterior hablábamos de esos regalos que nos da la vida con envoltorios «de mierda». Si solo vemos esa «mierda» seguramente nos quedemos sin nuestro regalo. Una de las habilidades de las personas de éxito es que quitan el foco y la energía de la «mierda» cuando hay problemas y los ponen al servicio de la búsqueda de la solución.

Cuando estamos en bucle concentrados en el problema nunca aparece la solución, es imposible tener el foco en ambos lados, o lo tienes en uno o lo tienes en el otro. Por eso me fue tan bien dedicar unos días a la meditación antes de ponerme a buscar la solución en plena pandemia, mi mente estaba demasiado en el problema y era incapaz de ver soluciones.

Ante un reto o una situación percibida como mala puede haber dos escenarios:

El primero: No puedes hacer nada para solucionarlo.

Por ejemplo: la muerte no se puede «arreglar». En este caso puedes quedarte en bucle ahogándote en tu pena y retroalimentándote con pensamientos negativos o dejarlo pasar, vivir el proceso pero seguir adelante, porque si no puedes hacer nada, no merece la pena dedicarle tanto tiempo. Con esto no digo que no tengas tu merecido duelo, pero luego hay que avanzar.

Otro ejemplo: has perdido tu trabajo, de un día para otro te han despedido. Puedes quedarte llorando esa pérdida o utilizar tu energía y todo tu foco en buscar otro trabajo donde estés mejor valorado y mejor pagado que en el anterior.

El segundo: Hay solución al reto que se te presenta.

Aquí, desde la tranquilidad, debemos buscar el cómo. Siempre hay solución para todo, y esos retos son los que te van a hacer crecer, son oportunidades.

Resumiendo: a partir de ahora ya no tienes problemas, tienes retos. Cuando aparezca uno intenta meditar, tranquilízate y dirige tus pensamientos hacia la solución en vez de regodearte en el problema.

Ejercicio

En el ejercicio de hoy vamos a pensar en tus retos del último mes.

Anota tres cosas que no puedes controlar y que vas a dejar ir porque, por mucho que busques, no tienen solución pero te mantienen anclado al presente y no te dejan avanzar.

Luego identifica tres cosas que sí tienen solución y apúntalas en la primera columna; en la segunda, anota esa solución en la que te focalizarás a partir de ahora.

Este es un ejercicio muy sencillo, pero es lo que deberías hacer a partir de ahora cada vez que surja un «problema»/reto.

COSAS QUE NO PUEDES CONTROLAR Y VAS A DEJAR IR
1.
2.
3.

COSAS QUE PUEDES CONTROLAR	
RETO	SOLUCIÓN
1.	
2.	
3.	

Día 9

Visualiza

Una de las charlas que más me ha impactado e influido positivamente en los últimos años es la de un deportista olímpico contando cómo visualizaba una prueba de natación. Hasta ahí todo parece normal, es sabido que los mejores deportistas no solo entrenan su cuerpo sino también su mente, y le dedican tiempo a la visualización antes de una competición. Pero lo que me sorprendió de Enhamed es que es un medallista paralímpico ciego. Con un gran sentido del humor, Enhamed cuenta que muchas veces cuando estaba tomando algo con amigos y veían pasar una chica guapa, se hacía un silencio extraño y, claro, no se la describían, así que él aprovechaba esos momentos para visualizar su próxima competición en los juegos paralímpicos de Pekín. Entre otras cosas, visualizaba que los aplausos de las diecisiete mil personas que irían a animar a su compatriota chino iban dirigidos a él y que no podía fallar a esas personas, eran muchos.

Encontrarás la charla completa en YouTube. Te recomiendo

que la veas. Enhamed dice una frase muy poderosa: «No todo es cuestión de vista, en realidad es cuestión de visión».

La visualización es primordial para alcanzar el éxito, porque si eres capaz de imaginarlo entonces eres capaz de conseguirlo. Y esto no es solo una frase bonita y edulcorada que encuentras en las redes sociales.

¿Nunca te has levantado de golpe y has tardado uno o dos segundos en darte cuenta de que estabas soñando? Para tu cerebro el sueño era real, estaba sintiendo el sueño como verdadero. Por eso te levantas angustiado de una pesadilla, en alguna ocasión hasta llorando, o riendo si el sueño era divertido.

La visualización no solo sirve para entrenar situaciones futuras en tu mente, como por ejemplo una competición. También sirve para que te prepares y consigas todo lo que has puesto en el ejercicio del primer día: tus sueños. Si apuntas tus sueños en una lista y los dejas ahí aparcados no es suficiente, debes visualizarlos cada día. Es un hábito de las personas de éxito para conseguir todo lo que se proponen.

Se dice que el actor Jim Carrey se extendió un cheque por valor de diez millones de dólares y visualizaba cómo se hacía efectivo. Unos tres años más tarde pudo cobrar ese cheque gracias a su participación en la película *Dos tontos muy tontos*.

Ya hemos visto que al cerebro le cuesta distinguir lo que es real de lo que es imaginado. Si visualizas cada día una misma situación ideal en tu cabeza, lo que va a suceder es que tus acciones irán encaminadas a conseguir ese objetivo. De eso se trata la visualización. Pero cuando lo imagines tienes que creerlo, de lo contrario no va a funcionar.

Recuerdo que hace años imaginaba mis éxitos futuros y los creía firmemente, pero también sabía que estaba al inicio del camino y que si daba los pasos correctos eso ya era una realidad, que solo era cuestión de tiempo.

En diez años me veía en una casa preciosa con jardín, siendo madre, dando ponencias por todo el mundo, escribiendo libros, viviendo unos meses en Estados Unidos, formándome con los mejores mentores, etc. Finalmente todo eso se ha cumplido o se está cumpliendo. Qué equivocada estaba mi profesora de parvulario y qué bien me ha venido tener tanta imaginación...

Ya hemos comentado lo importante que es utilizar la imaginación. Ahora ya no tienes excusa porque has puesto ese músculo a trabajar para que vuelva a ser creativo.

La visualización prepara tu mente para poner el foco en tus objetivos. Pones más foco en aquello que visualizas cada día. Al prestarle atención, eso te va a permitir ver oportunidades donde antes no las veías y focalizarte en aquellas acciones que te llevarán al éxito.

Te voy a dar un ejemplo cotidiano sobre cómo funciona la mente: cuando una mujer está embarazada, como es mi caso mientras escribo estas líneas, no para de ver embarazadas por todos lados. Lo mismo sucede cuando te compras un coche nuevo y de repente te dices: «Todo el mundo tiene el mismo coche que yo». Te aseguro que esos coches ya estaban ahí antes de que comprases el tuyo, solo que antes te pasaban desapercibidos porque no tenías el foco en ellos. Y en el caso de las embarazadas ocurre igual.

Si tenemos el foco en que todo está mal y no lo vamos a conseguir, inevitablemente le estás diciendo a tu cerebro que actúe en consecuencia; en cambio, si visualizas tus éxitos los estás dando por verdaderos y estos llegarán. Recuerda la profecía autocumplida: lo que creemos se acaba haciendo realidad, sea positivo o negativo.

Si eres como yo, una persona extremadamente objetiva, puede que esto de la visualización te parezca ciencia ficción y estés leyendo este capítulo con escepticismo. Te doy un consejo de persona «cerebral» a persona «cerebral»: la visualización no es ningún «secreto del universo» para alcanzar el éxito. Muchos estudios de psicología han demostrado que los pensamientos producen las mismas instrucciones mentales que las acciones. La imaginación impacta en muchos procesos cognitivos, como la atención, la percepción, la planificación, la memoria, etc. Por eso, como te comentaba al inicio, los deportistas de élite visualizan su competición para entrenarse.

Por si aún no me crees, voy a ponerte un caso sorprendente de entrenamiento con solo visualización. Natan Sharansky pasó nueve años en prisión en la URSS acusado de ser un espía de Estados Unidos. En ese encarcelamiento jugaba en su mente con él mismo al ajedrez para entrenarse y ser algún día campeón del mundo. En 1996, Sharansky ganó al famoso campeón mundial Garri Kasparov. En serio, deberías empezar a creer en el potencial de la visualización.

Cuando visualizamos una situación nos estamos preparando para ella, es una especie de entrenamiento, un ensayo para cuando llegue en el futuro. Personalmente utilizo mucho la visualización para ensayar mis ponencias. Si he sido capaz de hacerla bien en mi cabeza, también soy capaz de hacerla bien en la realidad.

¿Cómo podemos visualizar? Si no es un hábito para ti, lo mejor que puedes hacer es practicar la visualización mientras meditas. Pon música relajante y dedica unos minutos cada día a visualizar con los ojos cerrados. Intenta que sea siempre a la misma hora y en el mismo lugar para que se convierta en un hábito. De lo contrario, es probable que nunca te acuerdes de practicar. Cuando se haya convertido en un hábito comprobarás que te sale de forma natural. En mi caso, solo medito y visualizo conscientemente en algunas épocas de mi vida. El resto del tiempo me sale de forma natural. Muchas veces estoy en Babia, imaginando cómo será mi vida en el futuro y me sale tan normal, pero para llegar a eso lo mejor es dedicarle un tiempo en tu agenda como el que va a entrenar al gimnasio.

Estas son algunas de las cosas que puedes visualizar:

- Todo lo que hayas puesto en el ejercicio de «Atrévete a soñar». Sobre todo intenta imitar las emociones que vas a sentir cuando lo consigas. Piensa que ya ha sucedido y siente esa felicidad, lo contento que estás.
- Resultados negativos y cómo solventarlos. Esto es importante porque, tal y como hemos dicho en capítulos anteriores, no todo es de color de rosa y las dificultades vendrán. Es bueno imaginar que tienes la capacidad de sobrepasar cualquier dificultad. Eso te dará confianza cuando llegue, porque sabrás que no es para tanto y que tienes las apti-

tudes para salir de ello. Por ejemplo: puedo imaginar que me equivoco en una ponencia y cómo hago una broma y salgo airosa de la situación. Si llega a suceder, ya tengo la solución y me sentiré con confianza; no pasa nada si me equivoco, tengo herramientas para salir de ello.

- También puedes imaginarte siendo la persona que quieres llegar a ser. Piensa que ya lo eres. Por ejemplo: más carismática, más extrovertida, has logrado el desarrollo profesional que deseabas, etc.
- Y es bueno visualizarse haciendo algo que te da miedo para ensayarlo y ver que no pasa nada. Por ejemplo, dando una ponencia si eso es lo que más te aterra.

Ejercicio

El ejercicio de hoy consiste en visualizar. Quiero que pongas un temporizador en cinco minutos, música de meditación (puedes buscarla en YouTube o en Spotify) y que empieces con respiraciones profundas, por ejemplo cuatro segundos de inspiración y ocho de espiración. Si lo ves complicado puedes hacer tres y seis, lo importante es que la espiración sea más larga que la inspiración.

Luego imagina cómo será tu vida exitosa en diez años; tienes que vivirlo como si fuera una película: cómo es tu casa, tu oficina, tu trabajo, en qué proyectos estás involucrado. Imagínate disfrutando de tu día a día, la felicidad que sientes al dedicarte a tu pasión, cómo practicas tus *hobbies*, en qué empleas el tiempo libre, los viajes que haces, cómo es la relación con tu familia y tus amigos, etc. Lo ideal es que empieces visualizando aquello que ya habías apuntado el primer día, cuando te atreviste a soñar.

Cuando termines esta visualización volverás a poner el temporizador en cinco minutos y esta vez vas a visualizar no el resultado sino el cómo, cuál es el camino para conseguirlo, todo lo que hemos ido trabajando con los objetivos y las tareas que debes hacer. Este será tu entrenamiento para cuando lo lleves a cabo.

Intenta repetir este proceso cada día porque una sola visualización no será de mucha utilidad, recuerda que tu cerebro tiene que llegar a creerlo como una verdad absoluta.

Día 10

Sal de tu zona de confort

Tu zona de confort es ese entorno donde todo está bien, donde todo es conocido y cómodo. Si te la describo así pensarás: «¿Por qué el título me dice que debo salir de ahí si es tan buena?».

«Cómodo» y «conocido» pueden parecer adjetivos positivos, pero en realidad no lo son. Un porcentaje muy alto de la población llega con dificultades a fin de mes y ve que su cuenta bancaria está tiritando cuando se acerca el día 30 o 31. Si esta situación se repite todos los meses durante años es algo conocido y relativamente cómodo, aunque no es agradable. Seguramente no se sorprenden ante esta situación y no sienten estrés porque entra dentro de la normalidad de cada mes. ¿Significa eso que esa zona de confort es positiva? Nada más lejos de la realidad.

Tu zona de confort te mantiene siempre en el mismo lugar, y en mi diccionario «éxito» es sinónimo de «evolución», y no hay evolución sin cambio.

Solo hay un problema: tu cerebro no quiere que cambies. Nuestro cerebro reptiliano, la parte más primitiva encargada de nuestra supervivencia, intenta que preserves tu energía y que evites todo aquello que es novedoso. Es el que se encarga de decirte que en el sofá se está mucho mejor cuando decides ir al gimnasio porque en el sofá consumirás muchas menos calorías, y guardar calorías ayuda a la supervivencia de nuestro cuerpo.

También es nuestra parte más instintiva, es la que nos pone en alerta cuando sentimos miedo, y el miedo nos hace reaccionar ante los peligros. En definitiva, es la que te haría correr si te encuentras a un tigre en medio de la selva.

Pero ¿qué sucede con el miedo en nuestro día a día? Que si tienes miedo nunca saldrás de tu zona de confort. Veamos la definición de «miedo»:

a. Sensación de angustia provocada por la presencia de un peligro real o imaginario.
b. Sentimiento de desconfianza que impulsa a creer que ocurrirá un hecho contrario a lo que se desea.

Por desgracia, en nuestro camino al éxito esos miedos tienen más de imaginario que de real. Y para alcanzar todos tus propósitos y la vida que deseas, siento decirte que no te queda más remedio que enfrentarte a ellos, aunque te aseguro que lo que hay detrás es maravilloso.

Las personas que admiras, esas que tienen la vida que deseas, también tienen miedo, a ninguno le han hecho una lobotomía y le han arrancado esa parte del cerebro. Los miedos existen, todos los tenemos cuando vamos a hacer algo nuevo, solo que hay gente que se enfrenta a ellos y sigue con su propósito.

Por eso no hay tantas vidas exitosas, porque la mayoría de la población prefiere quedarse donde está, en su zona de confort.

Todavía recuerdo cuando uno de mis primeros mentores me dijo que tenía que dar charlas delante de mucha gente, que esa sería mi estrategia para llegar a más clientes. Yo me dije que no podía, que me daba miedo. Pensad que en las obras de teatro del colegio me pedía ser el árbol que permanecía quieto atrás del todo, y aun así lo pasaba muy mal.

No sé de dónde saqué la fuerza, pero llegó el día de mi primera charla, era en una organización empresarial para emprendedores en Esparraguera, una pequeña población de Barcelona. La noche de antes no pude dormir, y en el coche de camino a la charla me encontraba fatal, no podía parar de pensar en lo nerviosa que estaba y que seguramente me iba a equivocar. Creo que asistieron treinta o cuarenta personas pero a mí me parecían cuatrocientas. No quería quedar mal delante de tanta gente, ¡tenía miedo!

Cuando empezó la charla, el corazón me iba a mil por hora y pensaba que los demás podían ver cómo la solapa de mi americana se levantaba al ritmo de mis latidos. Incluso llegué a creer que eso no era normal y que en cualquier momento me iba a dar un infarto. De los nervios, las cuerdas vocales se me cerraron y me salían gallos al hablar; no sé ni cómo puede acabar, pero lo hice. Tenía la sensación de que aquello había sido un desastre, aunque las caras de los asistentes decían lo contrario. Cuando luego hablé con mis amigos, que fueron a verme, me comentaron que no se notó nada que estaba nerviosa. Yo no les creí, pero revisé el vídeo del evento y tenían razón: desde fuera, no se veía cómo lo estaba viviendo yo. Esa fue la primera de muchas otras charlas que vinieron después, y aquel día ya salieron muchas oportunidades empresariales.

A veces me pregunto dónde estaría hoy si aquella primera vez no hubiese sacado fuerzas, si no me hubiera prestado a pasarlo mal un rato, a enfrentarme a mi miedo escénico y a salir de mi zona de confort. Estoy casi segura de que mi vida sería muy diferente, y no creo que mejor.

Con el relato de mi experiencia no pretendo que te pongas a dar ponencias o a hablar en público; en mi caso yo quería hacerlo, solo que creía que no podía. No se trata de hacer todo lo que supone una tortura para ti y no te gusta, pero vigila tus pensamientos e intenta descubrir si realmente es algo que odias hacer o simplemente tienes miedo.

De todos modos, primera vez solo hay una, y las siguientes charlas fueron cada vez más cómodas. Y es que la magia está en que lo que se encuentra fuera de tu zona de confort, cuando lo repites una y otra vez, acaba entrando dentro de esta. Así que ese «dolor» va a ser efímero, te prometo que luego todo irá mucho mejor. Si no, piensa en tu primer beso.

ZONA DE CONFORT

ÉXITO

Ejercicio

Hoy voy a pedirte que hagas una lista con cinco cosas que admiras en los demás pero que crees que tú no puedes hacer, que te dan miedo. Y quiero que te comprometas a ponerlas en tu agenda como nuevos objetivos a alcanzar, con sus tareas correspondientes.

1.
2.
3.
4.
5.

Día 11

Agradece cada día

El agradecimiento es una de las herramientas más poderosas en tu camino hacia tu ideal de vida. Si no eres capaz de agradecer lo que tienes hoy, nunca estarás contento con nada de lo que venga, y caerás en esa sensación de que nunca tienes éxito. Si siempre estás pensando en lo que no tienes, en lo que te falta todavía por alcanzar, nunca serás feliz, porque siempre hay más: más dinero, más tiempo, una casa más grande, un coche mejor, una empresa que facture más, etc. Cuando cumplas unas metas, querrás otras más ambiciosas.

No me malinterpretes, querer más no es malo, pero el verdadero éxito reside en disfrutar del camino, de los pequeños éxitos, ese es el secreto de la felicidad.

Como decía Eduard Punset, «La felicidad está en la antesala de la felicidad». Y en uno de sus capítulos de *Redes*, a los que fui adicta desde la adolescencia, lo explica muy bien relatando la reacción de su perra Pastora cuando iba a ponerle la comida. Cuando llegaba la hora de la comida la perra movía la cola y se ponía hiperfeliz porque sabía que iba a comer; y esa felicidad era muy superior al momento de comer en sí, porque a veces comía y a veces no. Es decir, que la felicidad está en la antesala de la felicidad. Pues lo mismo para el éxito. El éxito está en saber agradecer cada pequeño logro y celebrarlo, aunque la celebración la veremos en el próximo capítulo.

Ya te he contado que soy una persona a la que le cuesta poco soñar despierta, y a estas alturas espero que ya le veas la parte positiva a ser un soñador. Pero he de decir que tiene una parte negativa que he tenido que trabajar. Cuando sueñas, estás siempre en el futuro y dejas de lado el presente, y tienes la sensación de que te falta algo. La ambición es importante para el éxito, pero hay una fina línea entre ser ambicioso y no estar contento nunca con nada. Así que no quiero que caigas en el mismo error, hay que evitar esa sensación de vacío y de que nunca nada es suficiente.

Recuerdo que hace muchos años fui a una sesión de *networking* empresarial en la que debías presentarte delante de todo el mundo. Éramos unas quince personas. En ese momento no me iba mal en mi agencia, estábamos remontando, tenía ya varios empleados y oficinas propias, pero todavía no estaba donde quería, tenía esa sensación de vacío, de inconformidad, por eso cada vez que tenía que presentarme delante de gente lo pasaba muy mal, porque sentía que mi empresa era pequeña y que no era suficiente.

Ese *networking* estaba organizado por el que a día de hoy es mi asesor de banca, y después de aquella sesión quedamos un día para que me hablase de inversiones y de cómo podía y debía empezar a invertir mi dinero. En esa conversación hicimos muy buenas migas y le expliqué que sentía que no estaba donde quería, que tenía mucha ambición y que sabía que llegaría a donde deseaba, pero que me estaba costando. En ese momento me dijo: «Pero, Judit, ¿te das cuenta de que en el *networking* eras la más joven? (Yo tendría unos veintiocho años). Además, tienes una empresa con oficinas, empleados, etc., cuando la mayoría de los asistentes al *networking* te llevan una media de quince años y son freelance que trabajan solos desde casa y darían lo que fuera por estar en tu posición».

Ahí comprendí lo desagradecida que era conmigo misma. Cierto que yo no era Amancio Ortega, ni tenía una startup valorada en cien millones, ni muchas otras cosas que envidiaba de los demás…, pero debía estar agradecida por mis avances, porque era mejor que un año atrás, el cual había sido muy difícil. Eso es lo que cuenta, tu evolución, algo que también veremos en otro capítulo, donde abordaremos la mejora continua como factor para el éxito. No era con esas personas con quien debía compararme. Nunca te compares con los demás porque siempre habrá alguien que tiene más, que sabe más, que es más… Compárate solo contigo mismo y con tu evolución. A partir de ese momento, tras una simple conversación, todo cambió y empecé a agradecer cada día por lo que ya tengo.

Para alcanzar el éxito debes cambiar tu perspectiva, dejar de concentrarte en lo que te falta y empezar a poner tu foco en lo que ya tienes, que seguro que es mucho. Eso no quita ni contradice lo que hemos trabajado hasta ahora: marcar tus metas para conseguirlas. No se trata de no apuntar al futuro, está bien ponerse objetivos, pero en ese camino hacia tus metas hay muchas submetas y tareas, así que deberías agradecer cada microéxito, cada avance, cada tarea finalizada, cada submeta alcanzada, y no esperar a conseguir tus metas más grandes como indicador de éxito, porque, insisto, no hay nada peor que esa sensación de vacío por no tener todavía lo que deseas, y ese estado emocional te va a impedir tener la actitud adecuada para seguir avanzando. Si no ves progreso te desanimarás y abandonarás por el camino.

¿Qué cosas podemos agradecer?

No solo nuestros avances en el camino hacia nuestros objetivos, sino cosas simples que damos por sentadas pero que son esenciales en nuestro bienestar.

Aquí tienes una lista con algunos ejemplos:

- Unas manos que te permiten acariciar a las personas a las que quieres.
- Un cuerpo que te permite estar en movimiento.
- Unos ojos que te permiten ver la belleza de este mundo.
- Personas que te rodean, tu familia, tus amigos, tu pareja, etc.
- Un techo bajo el que cobijarte y comida para alimentarte.
- Cosas materiales que te hacen la vida más simple, desde un ordenador que te ayuda en tu trabajo hasta un coche que te lleva a los sitios.
- Un pasado que te ha traído hasta aquí. También hay que honrar las experiencias negativas porque sin ellas no habrías llegado al punto en el que estás hoy.
- Agradece donde te encuentras hoy, en el presente, consiguiendo metas a diario.
- Agradece también el futuro que llegará, siendo muy consciente de que ya estás en el camino.

Hay que empezar agradeciendo las pequeñas cosas. Nunca nos paramos a pensar lo afortunados que somos por lo que tenemos y solo lo apreciamos cuando lo perdemos. Por ejemplo, no agradecer una relación con alguien y arrepentirte cuando ya no está.

Uno de los errores más comunes es agradecer solo las cosas materiales o los hitos alcanzados, pero ya ves que hay mucho más para agradecer; de hecho, algo tan simple como estar vivo.

Ejercicio

Hoy voy a pedirte que hagas una lista de cosas para agradecer: veinte cosas materiales y veinte cosas no materiales.

20 COSAS MATERIALES
1.
2.
3.
4.
5.
6.
7.

8.
9.
10.
11.
12.
13.
14.
15.
16.
17.
18.
19.
20.
20 COSAS NO MATERIALES
1.
2.
3.

4.
5.
6.
7.
8.
9.
10.
11.
12.
13.
14.
15.
16.
17.
18.
19.
20.

Día 12

Celebra y recompensa tus logros

En la empresa siempre trabajamos por objetivos, no es «Vamos a hacer este lanzamiento y a ver qué pasa», sino «Vamos a hacer el lanzamiento de este producto y, con los recursos destinados, deberíamos vender tanto». Hace pocos meses teníamos un lanzamiento importante y fue muy bien, vendimos por encima de la cifra que nos habíamos propuesto y en menos de un mes obtuvimos ciento ochenta mil euros. Estaba tan contenta que le dije a mi asistente que quería recompensar a todos los trabajadores porque ese éxito también era de ellos, así que les regalamos un cheque de Amazon a cada uno para que se compraran lo que quisieran, y si era algún capricho mejor que mejor, porque ese logro había que celebrarlo y, sobre todo, recompensarlo.

Pasó una semana y me di cuenta de que yo no me había regalado ningún cheque, no me había recompensado por ese esfuerzo que, junto con el equipo, yo también había realizado. No me había parado a celebrar ese logro, a «saborearlo». Ya estaba metida en el siguiente lanzamiento, en lo próximo que iba a hacer, sin haberme parado un momento a celebrar, ni siquiera a agradecer, y ya hemos visto en el capítulo anterior lo importante que es.

En el camino hacia nuestros objetivos hay que celebrar y recompensar nuestros logros, es un hábito que tienen las personas de éxito y que les ayuda a alcanzar todo lo que se proponen. De modo que esa misma semana fui a que me dieran un masaje relajante de una hora en un spa. Esa fue mi recompensa y mi momento de celebración de ese gran logro.

Una forma de celebrar es agradecer, eso nos ayuda a tomar conciencia de lo que ya hemos conseguido, pero para que la motivación en el camino hacia nuestras metas sea absoluta también debemos recompensarnos.

Celebrar nos da una motivación intrínseca, se trata más de disfrutar del camino por el simple hecho de estar recorriéndolo, sin esperar nada a cambio. Y la recompensa es una motivación extrínseca, nos focalizamos en el resultado, en lo que vamos a obtener si lo conseguimos. Para verlo gráficamente, sería como el burro que tiene un palo con una zanahoria delante de él y eso es lo que le motiva a seguir.

Personalmente creo que la motivación intrínseca es mucho más enriquecedora y motivadora, pero si utilizamos tanto el celebrar como el recompensar, lo segundo puede potenciar lo primero. De hecho, lo ideal es hacer las dos cosas a la vez. Mientras estaba en el spa pensaba en el exitazo que habíamos tenido, estaba haciendo las dos cosas a la vez.

Piensa que si no celebramos y recompensamos nuestros logros estos pierden su sentido, su propósito; podemos caer en la sensación de vacío, de rueda de hámster, de estar constantemente haciendo cosas sin saber muy bien el porqué. Párate a honrar cada éxito para que en el siguiente reto que te propongas tu motivación sea mayor, ya que como seres humanos nos movemos por recompensas.

Voy a proponerte una lista con diferentes formas de celebrar y/o recompensar la consecución de tus objetivos:

- Resérvate un día libre para ti, para hacer lo que tú quieras.
- Concédete algo relacionado con el autocuidado: un día de spa, un masaje relajante, un tratamiento que te haga verte más guapo.
- Regálate algo material que deseabas hace tiempo.
- Ve a comer o a cenar a tu restaurante favorito.
- Dedícate un tiempo para ver una puesta de sol o el amanecer.
- Haz cualquier cosa placentera que te permita desconectar y descansar para coger energías antes de pasar al siguiente reto.

Lo importante no es regalarte algo de esta lista, ya sea algo material o tiempo para ti, sino pensar por qué lo estás recibiendo, que lo estés celebrando a la vez, que tu mente tenga claro que eso es una recompensa por todo el esfuerzo dedicado a alcanzar tu objetivo.

Ejercicio

Hoy vamos a recuperar las cinco metas que te habías propuesto en el ejercicio del día 2 y vas a pensar qué celebración y qué recompensa te vas a dar una vez las hayas conseguido. Se trata de que practiques, pero deberías hacer lo mismo con tus submetas, porque si tus metas son a largo plazo es demasiado tiempo hasta que puedas celebrar y recompensarte, y eso te desmotivará.

METAS	CELEBRACIÓN / RECOMPENSA

Día 13

Sé excelente, no perfecto

La perfección es el verdugo del éxito, principalmente porque la perfección no existe. Esto no quiere decir que no deseemos hacer las cosas bien, por eso en la empresa utilizamos una palabra inventada: «excelenciarse». Nos gusta que nuestros emprendedores del cambio, así llamamos a nuestros alumnos, aquellos que deciden hacer un cambio para una vida mejor con sus negocios, sigan ese mantra. Si «excelenciarse» apareciese en el diccionario, su significado sería: «Del verbo excelenciar: volverse excelente, superarse, llegar a ser una mejor versión de uno mismo».

Ser excelente no significa para nada ser perfecto; como decíamos, la perfección no existe porque está sujeta a los ojos del que mira. Lo que sí buscamos es hacerlo lo mejor posible con las condiciones que tenemos. Por ejemplo, si tuvieses que producir un vídeo con un presupuesto reducido evidentemente no quedaría igual que si tuvieras el presupuesto de una gran multinacional. ¿Significa eso que no puede ser excelente? En absoluto.

Excelente es hacerlo en su máximo potencial con los recursos disponibles.

Es nuestro mantra en la empresa, de hecho tenemos camisetas, tazas, etc. con esa frase.

¿Qué sucede cuando buscamos la perfección y por qué es tan mala? Sucede lo que en psicología llaman «parálisis por análisis». Yo lo llamo «inacción por perfección». Le damos tantas vueltas a lo que queremos hacer que nos paraliza y nunca nos ponemos a hacerlo. O, en el caso de que lo empecemos, nunca nos parece lo suficientemente bueno así que no acabamos de lanzarlo. Por ejemplo, estoy segura de que este libro podría ser mejor, porque todo lo que hacemos en la vida puede mejorarse; si buscase que fuese perfecto, en estos momentos tengo una lista enorme de referencias que me gustaría revisar y libros que leer para mejorarlo, pero siempre habrá algo más y nunca saldría a la luz. Así que estoy convencida de que no es perfecto (insisto, la perfección no existe), pero sí que es excelente porque lo he hecho con mucho amor y poniendo todo mi esfuerzo y mis conocimientos, los que tengo ahora.

Pregúntate cómo está afectando a tu vida la perfección, estoy segura de que es una barrera muy grande en tu camino hacia el éxito. ¿Cuántos proyectos has querido empezar y no lo has hecho porque no eran lo suficientemente buenos? Muchos, ¿verdad?

Hay gente que por su personalidad no puede evitar ser perfeccionista. Si eres una de estas personas te doy una solución muy sencilla: las fechas límite. Ya las hemos trabajado y aquí nos van a ayudar a lanzar cualquier proyecto dejando a un lado el perfeccionismo. Simplemente pon una fecha y que salga esté como esté, aunque no te convenza al cien por cien. Te aseguro que los demás lo verán excelente y serán menos críticos que tú mismo.

El momento es ahora

Ser excelente es comprender que nunca habrá mejor momento que ahora para empezar tu proyecto. Por ejemplo: si quieres emprender un negocio, cambiar de trabajo o tener un hijo, no busques el momento ideal porque nunca llegará, siempre habrá cosas que falten o que podrían estar mejor. La excelencia viene con los aprendizajes del camino. Si tuvieras que aprender todo lo que necesitas antes de emprender, no acabarías nunca.

Buscar el momento perfecto y no pasar a la acción, dejarlo todo para más adelante o para más tarde, es lo que llamamos «procrastinar». Una palabra igual de fea en su pronunciación que en su significado. ¡Evítalo a toda costa!

Déjame decirte algo: para alcanzar el éxito, solo necesitas lo que ya tienes, porque el resto irá viniendo en el camino. Simplemente actúa, muévete, ponte a caminar.

El momento ~~perfecto~~ excelente es ahora.

No pongas excusas

Ser excelente es no poner excusas. Cuando procrastinamos, intentamos autoconvencernos de las razones por las que lo hacemos e inventamos las mejores excusas.

Frases típicas que escucho a menudo:

- «Judit, hasta que no haya estudiado tal máster no voy a lanzarme a emprender» (esta persona colecciona másteres y cursos, es muy sabia pero nunca pasa a la acción).
- «Judit, ahora no tengo dinero para hacer tu curso y mejorar mi negocio» (esta persona acaba de comprarse un iPhone que no necesita por el mismo precio).
- «Judit, no me gusta mi trabajo, pero hasta que no tenga dinero ahorrado no voy a pedir mi dimisión» (esta persona ni siquiera tiene una cuenta de ahorro).

A partir de ahora, cuando quieras un cambio fíjate en si te estás poniendo excusas y utiliza el mismo principio que hemos visto con los pensamientos limitantes: transfórmalos en afirmaciones positivas.

Ten un alto compromiso

Para «excelenciarte» debes tener un alto compromiso. ¿Qué quiere decir esto? Hacer todo, TODO (con mayúsculas) lo que está en tu mano para alcanzar tu éxito.

Muchos emprendedores llegan a mí cuando su empresa va mal, y cuando les pregunto qué están haciendo para mejorar esa situación no saben qué contestarme, no hacen nada porque piensan que las cosas se arreglarán por arte de magia. No están buscando soluciones o probando todo lo que esté en su mano para salir del bache. También me encuentro con muchos amigos que son infelices con su trabajo pero ni siquiera han abierto una página de búsqueda de empleo o actualizado su LinkedIn. Un «excelenciador» hace todo lo que haga falta para llegar a sus objetivos.

Ir la milla extra

Cuando iba al instituto, en gimnasia hacíamos la Course-Navette, una prueba de resistencia y de velocidad en atletismo. Debes ir de un punto a otro dentro del tiempo que te marcan unos pitidos, en nuestro caso era una casete con una grabación. Cada ciertas idas y venidas pasabas de periodo, el audio te indicaba por qué periodo ibas, y en cada nuevo periodo el tiempo para llegar de un punto al otro se acortaba y tenías que ir mucho más rápido. La carrera se acababa cuando tu capacidad cardiorrespiratoria no te permitía seguir o no eras lo suficientemente rápido como para llegar a la línea antes del pitido.

A la mayoría de los alumnos no les gustaba nada esa prueba, y a mí en cambio me encantaba, era una forma de llevar mi cuerpo al límite y conocer hasta dónde era capaz de llegar. Según el periodo al que habías llegado, ibas a una tabla y calculabas tu nota, que era diferente para chicas y chicos. Para nosotras llegar al periodo siete te aseguraba un diez en la nota. El día de la prueba mis compañeros no entendían por qué, una vez superado el periodo siete, yo seguía corriendo cuando ya tenía el diez asegurado. Llegaba hasta el periodo diez y en alguna ocasión hasta el doce (que ni siquiera existían en la tabla de las chicas), y paraba solo porque el profesor me lo pedía cuando me veía ya al límite; creo que le daba miedo que me desmayase (confieso que alguna vez me mareé al acabar). Eso es ir la milla extra, y no porque corriese los 1,6 kilómetros de más que equivalen a una milla, sino porque en sentido figurado es dar el máximo de ti, más de lo que se espera. Y eso es lo que hace un «excelenciador» en cualquier ámbito de su vida: disfruta yendo más allá de lo que se espera de él.

Tener una gran actitud

Ir la milla extra es tener una gran actitud, pues se trata de dar siempre lo mejor de ti en cualquier circunstancia.

Antes de emprender he realizado distintos tipos de trabajos y no todos me gustaban, pero tener una gran actitud es ponerle la misma pasión al trabajo de tus sueños que a aquel que haces solo por dinero. Cuando era churrera en el mercadillo de mi barrio, sabía que no era el trabajo de mi vida y que solo me servía para pagar mis estudios, pero siempre he intentado que mi trabajo fuese excelente y servía los churros con la misma actitud con la que manejo ahora mi agencia.

Cuando trabajaba de azafata de congresos y ferias casi siempre me ascendían a coordinadora pese a que yo solo tenía diecinueve años y algunas de mis compañeras casi treinta. ¿Por qué? Por mi actitud de excelencia. Por mi compromiso. Si eres capaz de comprometerte en cualquier circunstancia el éxito está más cerca.

Sobrepasar miedos

De esto ya hemos hablado con anterioridad. Salir de tu zona de confort significa tener un alto compromiso para hacer lo que haga falta, incluso enfrentarte a tus peores pesadillas.

Imagínate que tienes aracnofobia, un miedo terrible a las arañas, y te proponen un trato: permanecer en una habitación llena de arañas durante una hora y luego podrás tener la vida que tú quieras, es decir, alcanzar tu éxito. ¿Lo harías? Un «excelenciador» sí lo haría. Recuerda que el éxito requiere de algunos sacrificios. Si no todos seríamos ricos y felices, algo que no podrás conseguir si no sales de tu zona de confort.

No acomodarse

Como ya hemos dicho, la mayor parte de la población se deja llevar por la corriente. Tener un alto compromiso significa tomar decisiones, hacer cambios, moverse y no quedarse estancado en el mismo punto día tras día. Uno de los baremos que utilizo para saber si soy exitosa o no es pensar si este año mi vida es exactamente igual que el anterior. Si la respuesta es sí, debo cambiar y trazar un nuevo plan.

Recuerda que tus malos resultados, más que por las decisiones que tomas, vienen dados por las decisiones que dejas de tomar. ¡No te acomodes!

Tener hambre de algo mejor

Los «excelenciadores» siempre tienen hambre de algo mejor. Una vez que alcanzan una meta, se proponen una nueva para seguir disfrutando del camino y de levantarse cada día con un motivo, con un porqué. Son personas que no se conforman con lo que se supone que es la vida sino que deciden diseñarla a su conveniencia.

Ejercicio

Hoy voy a pedirte que apuntes diez tareas que denoten un alto compromiso con tu éxito y que las lleves a cabo. Tareas que haría un «excelenciador». Revisa las que ya has trabajado, quizá puedas recuperar algunas, y seguro que después de hoy saldrán otras que deberás añadir.

1.
2.
3.
4.
5.
6.
7.
8.
9.
10.

Día 14

Mejora continua

Imagínate que eres bueno en algo, pongamos en matemáticas. ¿Crees que eres bueno porque has nacido con ese don o porque lo has adquirido con la práctica?

Todos nacemos con una predisposición genética a que se nos dé mejor una cosa u otra pero, según Carol Dweck, tener éxito en un área concreta tiene más que ver con la práctica que con haber nacido con un don especial.

La renombrada psicóloga de la Universidad Stanford ha dedicado casi toda su carrera a la investigación sobre cómo se alcanza el éxito en diferentes áreas de la vida. Dweck habla de dos tipos de mentalidad: la mentalidad fija y la mentalidad de crecimiento. En la primera están las personas que piensan que sus habilidades, su inteligencia y sus talentos son rasgos fijos desde el nacimiento. Tienen cierta cantidad de ellos y no pueden tener más. En cambio, en la mentalidad de crecimiento las personas entienden que sus talentos y sus habilidades pueden ser desarrollados mediante esfuerzo, buena enseñanza y persistencia. Son conscientes de que no todo el mundo puede ser Einstein, pero creen que se puede ser más listo o mejor en un área concreta si se trabaja para ello.

Te propongo que hagas el ejercicio de identificar cuáles son tus fuertes. Cuando los tengas, ve hacia atrás en la memoria, desde que eras un niño, y observa cuánto tiempo has dedicado a esa habilidad. Estoy segura de que bastante más que a otras áreas en las que no eres muy bueno.

Te voy a poner mi ejemplo: a mi padre y a mi madre no les gustaba el fútbol, ni los deportes de pelota, por lo que prácticamente nunca he jugado a ellos de pequeña. En cambio, desde que tengo uso de razón me recuerdo subiendo montañas, viendo a mi padre escalar y practicando deportes de riesgo y de resistencia, y efectivamente soy muy buena en deportes de resistencia o que entrañan riesgos, no me dan miedo y los disfruto.

Otro ejemplo: en la escuela tenía un amigo, Manel, que dibujaba exageradamente bien para su edad, era la envidia de todos (dibujar tampoco es mi fuerte, de hecho lo hago bastante mal). ¿Será casualidad que el padre de Manel fuese artista? No lo creo. Manel vio a su padre dibujar y pintar desde que nació, en cambio no recuerdo ver nunca a mis padres hacerlo, seguramente por eso yo nunca desarrollé esa habilidad.

Los estudios de Carol Dweck nos abren una gran ventana en nuestro camino hacia el éxito. Siempre pone el ejemplo de Michael Jordan, que nació siendo bueno en lo suyo, pero lo que le hizo una estrella del baloncesto fue su mentalidad de crecimiento. Esto nos da un aliento a los que nos creemos simples mortales al lado de la gente a la que consideramos dioses. El mensaje es: «Tú también puedes ser como él o ella».

La teoría de esta psicóloga me lleva a pensar en algo que he visto en todas las personas de éxito que he conocido: la mejora continua.

La mayoría de las personas se estancan, cuando terminan la carrera universitaria piensan que por fin han acabado lo que parecía un largo camino de estudio. Pero las personas de éxito saben que ese camino nunca se acaba porque para ser mejor y tener éxito hay que seguir aprendiendo y sobre todo practicando.

Ya hemos hablado de que el éxito es «cambio», «movimiento», «evolución». Si te quedas donde estás no hay avance, ese éxito que buscas no llegará.

Pero ¿cómo pretender que haya evolución si no aprendemos cosas nuevas? A mí me gusta pensar que nuestro cerebro es como una caja con muchos elementos con los que podemos hacer varias combinaciones, pero llega un día que estas combinaciones se acaban y si no añadimos elementos nuevos no podemos crear nada diferente a lo que ya teníamos, por eso es tan importante la mejora continua.

Ejercicio

Hoy vas a buscar cinco formaciones para mejorar tus habilidades en tu camino hacia el éxito. Si no sabes qué cursos te conviene hacer, te recomiendo que eches un vistazo a mi web: <juditcatala.com/cursos>, donde encontrarás algunos cursos gratuitos que quizá te interesen.

1.
2.
3.
4.
5.

Día 15

Mantén tu autoestima alta

La autoestima es la apreciación de la propia identidad, el concepto que tenemos de nosotros mismos. Si creemos que tenemos valor como personas nuestra autoestima es alta, pero si nos valoramos poco tendremos una autoestima baja.

Debes saber que si no crees en ti nadie lo hará. Sin darnos cuenta proyectamos una imagen en los demás de seguridad o inseguridad y eso afecta a nuestro éxito. Nuestras habilidades interpersonales son imprescindibles en este camino, ya lo veremos en la segunda parte del libro.

Pero la autoestima baja no solo influye en nuestra relación con los demás, sino también en nuestra relación con nosotros mismos. Volvemos al «tanto si crees que puedes como si crees que no puedes, estás en lo cierto». Si te crees menos de lo que eres, evidentemente actuarás en consecuencia y será difícil que alcances tus objetivos. De hecho, será difícil incluso que te pongas esos objetivos ambiciosos.

Además, las personas con una autoestima baja suelen tener

la actitud de echar balones fuera, poner excusas y atribuir sus fallos a causas externas en lugar de hacerse responsables. «No encuentro trabajo por culpa de la crisis», «No consigo ahorrar porque pago muchos impuestos», «Mi empresa fracasó por la competencia desleal»... ¿Te suena?

En realidad, aunque pongas excusas, en el fondo sabes que sí tenías algo que ver con ese fracaso. Si te haces responsable, puedes subsanar los fallos e ir a por tus objetivos, eso te empodera y hace subir tu autoestima. Poner excusas, en cambio, la baja drásticamente.

Podemos trabajar la autoestima desde dos áreas diferentes: la mente y el cuerpo.

Vamos a ver cada una de estas en detalle:

La mente

Háblate bien. Tu autoestima empieza por cómo te hablas a ti mismo, qué te dices. Si constantemente te repites frases que empiezan así: «No puedo», «No soy», «Mañana», «La próxima vez», «Algún día»; o peor todavía, si utilizas adjetivos negativos o incluso peyorativos hacia ti, tu autoestima seguirá por los suelos o incluso bajará más. Para solucionarlo intenta escuchar cómo te hablas y, a partir de ahí, elimina esos pensamientos limitantes con las técnicas que ya hemos visto con anterioridad.

Metas realistas. Hay que distinguir entre autoestima y autoconfianza: la primera tiene que ver con nuestra identidad y la segunda con nuestras capacidades. La autoconfianza lleva a tener una autoestima alta, así que conviene trabajarla. ¿Cómo? Demostrándote que puedes. Es algo que ya has hecho al trabajar los pensamientos limitantes. Y para demostrarte que puedes es importante que establezcas metas realistas, porque si siempre son tan grandes que nunca consigues alcanzarlas, es inevitable que luego vengan todas esas frases a tu cabeza: «No soy bueno», «No soy capaz», etc. Si tu meta es muy grande no la quites de tu ruta, trocéala en submetas que puedas ir cumpliendo en menos tiempo para que tu autoconfianza suba.

Sé positivo. Las personas de éxito siempre ven el vaso medio lleno. Inevitablemente, cuando tu actitud es positiva tu autoestima sube. Si tienes baja autoestima lo verás todo negativo, y esto se convierte en el pez que se muerde la cola porque a su vez esto hace que siga bajando la autoestima. Intenta identificar cuándo estás siendo pesimista y utiliza el mismo principio que con los pensamientos limitantes, ya que el pesimismo no deja de ser eso, un «pensamiento negativo».

Abraza tus debilidades y potencia tus fortalezas. Imagínate lo complicado que es intentar esforzarte en aquello que no se te da bien, y peor aún si se te da mal y además no te gusta. El hecho de tener malos resultados constantemente hace que tu autoestima baje. Por lo que es mejor potenciar lo que se te da bien que intentar mejorar aquello que no. Todos somos únicos y no deberíamos intentar encajar en un molde, esto lo veremos más adelante. Cuanto más auténtico seas y más desarrolles tus habilidades innatas, mucho mejor para tu camino hacia el éxito.

Perdónate. Ya hemos visto lo malo que es el perfeccionismo. Cuando cambias de actitud y abrazas la de «excelenciarse» no te importa equivocarte; es más, entiendes que es parte del camino, que necesitas aprender para evolucionar. De modo que cuando te equivoques simplemente perdónate, eso te ayudará a soltar esa situación para poder ir a por más.

Cuida tu ego. Aunque el diccionario dice que el ego es «una valoración excesiva de uno mismo» y pueda parecer algo negativo, la realidad es que para mejorar es esencial valorarse por encima de lo que uno es. De hecho, fijarse metas consiste en eso, en pensar en tu «yo futuro» mejorado.

También es verdad que si el ego se dispara demasiado, es casi peor que tener la autoestima baja. Se trata de encontrar el equilibrio para que el ego sea positivo pero no excesivo.

Quererse y creerse. El ego positivo es quererse a uno mismo, y esa es la base la autoestima, pero también «creerse», aun sabiendo que todavía nos falta mucho por aprender.

Cuando te quieres, entiendes que ya eres mucho siendo como eres y no puedes gustarle a todo el mundo, y cuando te «crees», entiendes que eres capaz, que puedes con lo que te propongas.

Miedo. El miedo es un concepto que no dejará de aparecer en este libro porque es la mayor barrera que tenemos para el éxito.

La única solución es enfrentarte a él para demostrarte a ti mismo que sí puedes. Si algo te paraliza, hazlo igualmente. Detrás del miedo y de tu zona de confort es donde sucede la magia.

No te compares. Es importante que para tener un ego sano dejes de compararte con los demás. Ya hemos dicho que la única persona con la que debes compararte es con tu yo de hace un tiempo, para observar tu evolución. Si te comparas con los demás, siempre habrá alguien mejor, que tendrá más y que habrá alcanzado más. No merece la pena el desgaste de energía que te supone la comparación continua.

Cuerpo

Tener energía. Cuerpo y mente van unidos, por lo que si tus baterías están bajas, tu autoestima no puede estar alta. Aunque más adelante entraremos en detalle, te avanzo que para tener energía hay que considerar tres cosas: descanso, alimentación y deporte (o movimiento, como puede ser caminar). Si llevas bien estas tres áreas, tu energía estará alta y en consecuencia también tu autoestima.

Buena postura. Cuando nuestra postura corporal no es la correcta, nuestra autoestima baja. Si entras en una reunión con los hombros caídos y la espalda encorvada, la cabeza agachada y sin mirar a los demás a los ojos, esa postura está enviando a tu cerebro una señal de poca seguridad en ti mismo y de baja autoestima.

Por si no me crees, voy a hablarte de un experimento que realizaron Strack, Martin y Stepper en 1988 sobre la hipótesis de retroalimentación facial. Hicieron que dos grupos de participantes puntuaran unos dibujos animados según lo divertidos que eran. El primer grupo sostenía un lápiz entre los dientes, lo que les obligaba a sonreír. El segundo grupo sostenía el lápiz con los labios, lo que hacía que pusieran cara triste. El primer grupo puntuó los dibujos como más divertidos que el segundo.

Sí, tu postura corporal es interpretada por tu cerebro, así que a partir de ahora vigílala. Esta debe ser: cabeza erguida, hombros estirados y espalda recta, y sobre todo ¡sonríe tanto como puedas!

Ejercicio

Hoy quiero que anotes cinco cosas que puedes hacer ya para subir tu autoestima.

1.
2.
3.
4.
5.

Día 16

Mantén tu energía alta

Ya hemos comentado que la energía influye en la autoestima, pero también en otros aspectos como, por ejemplo, la productividad. Cuanta más energía tengas, más produces y en menos tiempo. Realizar la misma tarea cuando estás cansado o cuando estás con las pilas al máximo puede suponer una diferencia sustancial en el tiempo que tardas en completar esa tarea.

Descanso

Si te digo que no hacer nada es muy productivo quizá te parezca un contrasentido, porque lo lógico sería que para ser productivos tengamos que rellenar cada hueco de nuestra agenda con actividades. Pero la productividad tiene más que ver con tu capacidad de hacer mucho en poco tiempo que con hacer cosas todo el tiempo. Recuerda que somos seres humanos, no máquinas, y que no podemos mantener nuestra energía al máximo durante veinticuatro horas.

Voy a contarte una fábula:

Había una vez un leñador que se presentó a una oferta de trabajo para cortar leña en el bosque. Parecía muy buen trabajador, así que lo contrataron al instante. El primer día cortó más troncos que cualquier otro leñador, su jefe estaba muy impresionado. El segundo día casi se le dio igual de bien, pero no logró cortar la misma cantidad de troncos. Cada día fue disminuyendo la cantidad de troncos que cortaba a pesar de que le ponía más esfuerzo y más horas. Así que fue a hablar con su jefe para explicarle la situación. Lo primero que le preguntó el jefe fue: «¿Cuánto hace que no afilas el hacha?». A lo que el leñador contestó: «¿Afilar? No tengo tiempo para afilar. Estoy muy ocupado cortando árboles».

Todas las personas de éxito que conozco entienden que deben pararse de vez en cuando para afilar el hacha. Esto debe ser parte de nuestra rutina, y te lo dice una *workaholic* a quien le ha costado años darse cuenta, y que todavía tiene ciertos malos hábitos que debe controlar.

Pero ahora lo tengo claro, trabajo muy duro durante semanas y luego necesito parar porque de lo contrario mi productividad, mi creatividad y mi rendimiento bajan en picado. Parar y desconectar por completo es parte del trabajo. Hay que verlo de este modo.

Si puedes, es mejor tener minivacaciones varias veces al año que tenerlas de una vez. Es un poco contradictorio que solo pares en verano para descansar, porque significa que solo vas a tener la mente fresca una vez al año a la vuelta de las vacaciones. De hecho, muchos empresarios que conozco me dicen que los primeros días de vacaciones siempre se ponen enfermos. ¡Normal! Tu cuerpo «peta» después de tanto estrés acumulado.

Voy a darte algunos consejos para un buen descanso:

- Tómate vacaciones cada pocos meses.
- Respeta el descanso uno o dos días a la semana.
- Duerme ocho horas.

Descanso también puede ser realizar actividades diferentes a tu rutina habitual, no tienes que pasarte todas las vacaciones durmiendo, puedes viajar, dedicarte a tus *hobbies*, etc. Eso también es descanso.

Movimiento

Lo que voy a contarte ahora todavía te va a parecer más contraintuitivo. Decíamos que para tener más energía hay que descansar, pero también es necesario el movimiento, como por ejemplo el deporte. Y es que como te comentaba, el descanso no solo es dormir; afilar el hacha es escapar de la rutina, hacer cosas diferentes.

El movimiento, el deporte principalmente, nos recarga de energía. Por eso, si tienes insomnio te recomendarán que hagas deporte, pero nunca a última hora de la tarde, porque el deporte nos acelera y, aunque se supone que después de practicarlo deberías acabar muy cansado, la realidad es todo lo contrario. Hago artes marciales desde hace años y a veces me da una pereza horrible ir a entrenar porque estoy agotada después de una dura jornada de trabajo, pero me obligo a ir porque sé que cuando salga mi batería estará recargada. De hecho, los días de entreno llego a casa y pongo lavadoras o me da por cocinar en vez de tumbarme en el sofá.

Prueba esto: si algún día por lo que sea has estado muchas horas sin dormir y no puedes permitirte echarte un rato, ponte a caminar de un lado al otro y verás como el sueño desaparece. Aunque, ante todo, siempre te recomendaría descansar.

En resumen, debes dormir tus horas para tener energía, pero aun así hay momentos en los que las pilas se acaban por mucho que hayas descansado. La solución para eso: deporte, movimiento.

Alimentación

Para las personas de éxito, la energía, igual que el tiempo, es un recurso muy preciado, por eso todas las que conozco han probado y siguen probando diferentes dietas para aumentar su nivel de energía.

Seguro que alguna vez has sufrido somnolencia después de comerte un buen cocido o cualquier plato copioso. Eso es porque tanto la cantidad como el tipo de comida que ingerimos nos cargan o nos descargan de energía. No voy a hacer aquí apología del veganismo, pero lo cierto es que los platos de origen vegetal suelen aportar mucha energía, mientras que los de origen animal, al requerir una digestión más lenta y más trabajosa, nos descargan. Algunas personas exitosas también hacen ayunos intermitentes, porque hacer menos digestiones al día también nos carga de energía.

No soy nutricionista, pero he probado muchas dietas y la vegana, aunque no la sigo al cien por cien, es la que más energía me da en el día a día. Lo que sí te recomiendo es que comas bien, elimina azúcares y grasas saturadas; no solo perjudican tu salud, también a tu nivel de energía y, por lo tanto, a tu productividad.

Motivación

Cuando algo nos motiva y entramos en estado de flujo, ese en el que puedes estar absorto horas y horas haciendo algo y el tiempo pasa volando, no notamos el cansancio. El cuerpo saca la energía de donde no la tiene. Por eso es tan importante estar motivado con lo que haces en tu día a día. Intenta dedicar siempre tu tiempo a tareas que te carguen y delegar aquellas que te descarguen.

Ejercicio

Hoy quiero que apuntes cuál va a ser tu compromiso a partir de ahora con las cuatro áreas que te aportan energía. Por ejemplo:

DESCANSO: Acostarme una hora antes o hacer una escapada.

MOVIMIENTO: Salir a caminar cada día.

ALIMENTACIÓN: Comer carne solo dos veces por semana.

MOTIVACIÓN: Delegar la facturación de mi empresa porque detesto hacerla.

DESCANSO:
MOVIMIENTO:
ALIMENTACIÓN:
MOTIVACIÓN:

Día 17

Conoce y estimula tus hormonas

Siempre me ha fascinado cómo funciona la mente y en estos últimos años, con mi interés por descifrar a las personas de éxito, todavía más. Así es como me enteré de lo que son los neurotransmisores y las hormonas. Mis mentores no paraban de hablar de ello y ahora entenderás por qué. Son los encargados de llevar la información al sitio correcto del cuerpo. Los neurotransmisores se comunican con otras neuronas y las hormonas con cualquier célula del cuerpo. Cuando conoces cómo funcionan, puedes influir en su comportamiento y hacer que trabajen en tu beneficio.

En general, las hormonas están relacionadas con tu bienestar y la sensación de felicidad. Cuando estás feliz eres más productivo, produces mejor y atraes a la gente (nadie quiere estar con personas tristes perpetuamente). Por eso son tan importantes en nuestro camino al éxito. Necesitamos que estén bien reguladas, y digo bien reguladas y no elevadas porque el exceso, en algunas ocasiones, tampoco es bueno. A lo largo de este capítulo te ense-

ñaré cómo puedes encontrar el equilibrio, es mucho más sencillo de lo que te imaginas.

Vamos al detalle esas hormonas y esos neurotransmisores.

Serotonina

Es la llamada «hormona de la felicidad». Evidentemente, cuando estamos más felices somos más productivos, y esto nos lleva a
alcanzar nuestros objetivos. Cuando la serotonina está baja nos
puede llevar a la depresión.

Para aumentar la serotonina basta con dar un paseo por la
naturaleza, nadar, correr o ir en bici, y practicar algo que ya hemos aprendido: el agradecimiento.

Endorfinas

Este neurotransmisor juega un papel vital en la percepción del
dolor. Sus efectos son similares a los opiáceos, pero de forma natural porque las segrega el cuerpo. Nos permiten sentir placer y
disfrutar de la vida. En este caso, cuando las endorfinas están
bajas también pueden llevarnos a la depresión.

Si quieres más endorfinas hay tres cosas básicas que te las
proporcionan: bailar, cantar y reír, y además puedes hacerlas a la
vez. Practicar tus *hobbies* y comer chocolate negro también pueden estimularlas.

Oxitocina

Es la hormona responsable del amor, nos ayuda a sentirnos seguros y a socializar mejor. Si la dopamina está por las nubes cuando nos enamoramos, la oxitocina es la que hace que ese amor perdure durante años, ya que interviene en la creación de vínculos emocionales que se consolidan al estar en contacto con los demás. También se relaciona con el orgasmo, tanto en hombres como en mujeres. Y es la hormona que ayuda a las mujeres en un parto fisiológico y a la eyección de la leche en la lactancia materna.

Si quieres más oxitocina sin tener que llegar a un parto puedes conseguirla meditando, siendo generoso con los demás, teniendo contacto íntimo o regalando abrazos y caricias, y también funciona si acaricias a tu perro.

Dopamina

Es un neurotransmisor que provoca placer y hace que te sientas bien. También ayuda a mejorar las capacidades de aprendizaje y memoria.

En pequeñas cantidades produce grandes efectos tanto en nuestro estado de ánimo como en nuestra predisposición a fijarnos unos objetivos u otros, por eso es fundamental en nuestro camino hacia nuestro éxito.

John Salamone, profesor de Psicología de la Universidad de Connecticut, en un estudio realizado en 2012 explicaba que la dopamina «tiene más que ver con la motivación y la relación de costo y beneficio, que con el placer en sí mismo». Encontramos esta sustancia cuando damos el primer paso hacia nuestros objetivos y también cuando los alcanzamos.

Para que entiendas su importancia, cuando los niveles de dopamina son bajos se ha visto que las personas son menos propensas a trabajar para un fin concreto, lo que les impide alcanzar el éxito.

¿Cómo conseguimos dopamina? Ya lo hemos ensayado antes: este neurotransmisor se dispara cuando celebramos un logro o la consecución de una tarea. Dormir entre siete y nueve horas también influye para que esté bien regulada.

Cortisol

Es la hormona que no quieres tener descontrolada. La liberamos cuando estamos bajo estrés «del malo», no el que te hace estar activo sino el que te hace sufrir.

Un exceso de esta hormona puede acarrear grandes problemas de salud. También hace que disminuya tu capacidad de concentración, por lo que disminuye tu creatividad y sobre todo tu efectividad para crear estrategias que te lleven al éxito.

De cara a los retos que te propongas, tu actitud será más óptima si cuidas esta hormona.

Muchos medicamentos pueden provocar que tengas un pico de estas hormonas y por eso estás tan feliz, pero eso tiene su parte mala porque puede llevar a una posterior bajada, y esa bajada extrema representa todo lo contrario: sentimiento de tristeza e incluso depresión. Así que no te voy a animar a tomar nada, solo voy a darte una clave sencilla y natural para estimular estas hormonas: el deporte. Cuando te mueves, suben y se regulan. ¿No te ha pasado nunca que te da una pereza enorme ponerte a hacer deporte, pero después te sientes increíblemente bien? Si lo practicas con regularidad se vuelve adictivo, porque genera estas hormonas que nos dan bienestar.

Si eres de los que «nunca tienen tiempo», te recomiendo aprovechar el rato de deporte para hacer algo más, como formarte escuchando un pódcast o algún curso. Durante una temporada hacía eso cada mañana en la elíptica del gimnasio, miraba vídeos en mi móvil mientras corría. Piensa que la segregación de estas hormonas consigue que seas más productivo a lo largo del día, y eso te ayudará a hacer más en menos tiempo. Por lo que no es una «pérdida de tiempo».

Además, mientras haces deporte aprendes más rápido. Cuando entra más oxígeno en tu cerebro estás alimentando tus neuronas y es un buen momento para retener información.

Y para mantener los niveles óptimos de estas hormonas no hay que olvidarse de la alimentación y el sueño. Ya lo hemos visto en el capítulo anterior: hay alimentos que ayudan y otros que empeoran este balance hormonal, pero si comes bien no debes preocuparte de dietas específicas. En cuanto al tiempo de sueño, tener un buen descanso es esencial.

Ejercicio

Hoy quiero que te sientas mejor. ¿Y cómo vas a conseguirlo? Ya te lo he dicho: ¡haciendo ejercicio! Así que especifica qué plan de entrenamiento vas a hacer esta semana o qué acción vas a llevar a cabo. Puede ser apuntarte al gimnasio, salir a caminar cada día una hora, etc.

Habilidades interpersonales

Después de más de doce años emprendiendo, puedo decir que lo más complejo en un negocio no son las ventas, ni las finanzas, ni nada de eso. Es la gestión de las personas, tanto de trabajadores como de clientes, proveedores, etc.

Aunque no tengas una empresa, seguramente los disgustos y las decepciones más grandes que te has llevado en tu vida tengan que ver con las relaciones con otras personas, ya sea una pareja, familiares, amigos, compañeros de trabajo... Pero también las mayores alegrías. Las personas de nuestro alrededor nos hacen felices, nos motivan, y pueden ayudarnos a impulsar nuestras carreras, son una tribu de la que tirar y en la que apoyarnos.

Por eso las habilidades interpersonales son esenciales en tu camino al éxito, porque para crecer siempre vas a necesitar de la ayuda de otros, es imposible hacerlo todo solo. En mi caso, nunca habría crecido tanto de no ser por mi equipo y el apoyo de familiares y amigos.

Eso sí, la tribu de la que te rodees tiene que tener tus mismos valores y conocer de antemano cuáles son tus objetivos para que todos reméis al unísono. Lo que significa que debes dejar marchar a las personas que no encajen contigo. En esta segunda parte te enseñaré cómo identificar y evitar a personas tóxicas que pueden ser una barrera para que alcances tu éxito.

Las habilidades interpersonales son tan importantes en nuestro camino hacia el éxito porque los seres humanos somos seres sociales, es la característica que nos diferencia del resto de los animales. Nos necesitamos para crecer, pero somos seres muy complejos y eso hace que las relaciones también lo sean. Por este motivo en esta segunda parte también hablaremos de la comunicación.

¿Nunca te ha pasado que has discutido con alguien para al final llegar a la conclusión de que pensáis exactamente lo mismo, solo que lo estabais expresando con palabras diferentes? En nuestras relaciones la clave es la comunicación, saber comunicar bien, y sobre todo escuchar, entender e interpretar correctamente a los demás.

Por otro lado, ¿alguna vez te ha pasado que no puedes dejar de escuchar a alguien cuando habla? Eso es lo que quiero para ti, que seas esa persona a la que todos admiran. Comunicar es expresar lo que tienes dentro, tus ideas, pensamientos, emociones, sentimientos, etc., por eso lo primero es conocerte bien a ti mismo, reforzar tu autoestima y tener una gran inteligencia emocional. Esto ya lo hemos trabajado en la primera parte, cuando vimos las habilidades intrapersonales, pero insistiremos en algunas de estas habilidades porque para que nuestra relación con los demás sea buena, la que mantenemos con nosotros mismos debe ser aún mejor.

Si estamos felices eso se irradia a los demás; en cambio, si tenemos una actitud pesimista casi nadie querrá estar a nuestro lado. La autoestima es esencial para mantener buenas relaciones con la gente. Además, una autoestima fuerte nos hará auténticos y originales. No te preocupes, esto también lo veremos en las siguientes páginas.

Después de trabajar las relaciones interpersonales serás un imán para las personas.

Día 18

Aprende a leer a la gente

Cuando empecé a emprender había una cosa que me chocaba mucho y era que en mis visitas comerciales los posibles clientes me decían que sí al presupuesto, les parecía bien y querían tirar adelante con el proyecto, pero en el 80 por ciento de los casos, cuando llegaba a la oficina y les pasaba el contrato, se echaban para atrás. Con el tiempo descubrí que la gente miente. De hecho, según la escritora y empresaria Pamela Meyer, mentimos nada más y nada menos que hasta doscientas veces al día.

A la mayoría nos gusta complacer a los demás y evitamos instintivamente el conflicto, por eso preferimos decir que sí haremos algo aunque por dentro sepamos que no.

Seguro que te ha pasado en muchas ocasiones: invitas a alguien a tu casa y te dice que sí emocionado, pero unos días antes anula la invitación; o tu pareja te dice que no está enfadada pero su expresión dice lo contrario. Estos comportamientos empezaron a interesarme y observé que las personas de éxito tenían algo especial: sabían leer a la gente, no por lo que decían sino por cómo lo decían, pues aunque las palabras mientan, los gestos dicen la verdad.

En este capítulo voy a enseñarte a leer a la gente. Bueno, solo lo principal porque esto da para un libro entero, así que te recomiendo que te formes más sobre el tema. Las claves que voy a darte te ayudarán en las negociaciones, en tus relaciones y en colaboraciones con los demás, algo esencial para tu camino hacia el éxito.

Cara de escepticismo

Si alguien te está diciendo que sí pero a la vez tiene cara de escepticismo: frunce el ceño. La cara no engaña, así que eso significa que todavía no cree en lo que le estás diciendo. No es que piense que lo que dices es mentira, pero todavía no le has convencido. En este caso lo mejor es intentar sacarle información sobre lo que opina, para que si hay algo que no le convence o algo que no le ha quedado claro puedas resolverlo.

Postura de duda

Cuando veas que una persona tiene los dedos índice y corazón sobre su cara como si estos la aguantasen, o si apoya el mentón sobre su puño, eso significa que no termina de creerte del todo y tiene dudas. En este caso deberás añadir más valor a la conversación para generar más confianza.

Postura escéptica

Si la persona que tienes delante se toca mucho la oreja o el cuello con la palma de la mano, también significa que todavía no cree lo que le estás diciendo. Y si se toca la cara con la palma de la mano abierta eso denota muchísimo escepticismo, deberás esforzarte más en tu discurso.

Postura «quiero que piensen que estoy escéptico»

Si la persona se toca la barbilla o se pinza la barbilla con los dedos pulgar e índice significa que cree lo que le estás diciendo, pero quiere que pienses que aún tiene dudas, que se lo está pensando.

Postura de «no tengo ni idea»

Si en algún momento haces una pregunta y tu interlocutor te contesta a la vez que sube un poco los hombros, es que no tiene ni idea y te ha contestado algo para salir del paso.

Postura de confianza

Es una postura erguida, como si tuvieses un hilo en la cabeza y tirasen de ti hacia arriba, con los hombros echados hacia atrás.

Ya lo hemos visto cuando hemos trabajado la autoestima. Cuando estás hablando con alguien, si le falta autoconfianza es difícil que tome una decisión, por lo que es mejor tratar con personas que tengan esta postura si quieres convencerles de algo. Por cierto, esta es la postura ideal para ti, la que debes mantener en cualquier conversación importante.

Postura de «no me importa lo que me dices»

Si estás hablando con alguien y su postura es reclinada hacia atrás, es decir, si tiene la espalda totalmente apoyada en el sillón o la silla, eso significa que no le importa nada lo que le estás diciendo. De hecho, cuando te interesa algo la tendencia natural es acercarte más, no alejarte. No obstante, la postura tiene que ser hacia atrás pero tensa, porque si es cómoda significa que todo está bien.

Postura de «soy mejor que tú»

Si tu interlocutor, además de estar reclinado un poco hacia atrás, tiene los brazos cruzados significa que cree que es mejor que tú, y que no tienes nada que aportarle. No le importa lo que le estás contando porque piensa que ya lo sabe o que sabe más que tú.

Postura de «inspección»

Si se lleva las dos manos a la espalda significa que te está inspeccionando, que quiere saber más. Es el momento de ofrecer más detalles porque hay interés por la otra parte.

Postura de conexión

Si la persona tiene el cuerpo hacia delante, es decir, si trazásemos una línea recta en la espalda y el cuerpo está separado de esa línea, si queda «aire» en esa parte, significa que hay conexión. Aprovecha ese momento para comunicar algo importante.

Postura cuando te sientes cómodo

Cuando nos sentimos cómodos y conectamos con la otra persona, instintivamente tendemos a imitar su postura. Si estás hablando con alguien y observas que tiene la misma postura que tú, cambia de postura, por ejemplo: cruza una pierna; si al cabo de un momento el otro cruza la pierna igual que tú sin darse cuenta, eso significa que le caes muy bien y que hay una conexión brutal en la conversación.

Postura de inseguridad

Algo que denota mucha inseguridad es cuando alguien constantemente se toca o juega con su collar (en el caso de una mujer). Es algo que debes evitar, y si lo hace tu interlocutor recuerda que a las personas inseguras les cuesta tomar decisiones.

Postura de nerviosismo

Si la persona tiene las palmas abiertas y apoyadas en las rodillas significa que está nerviosa. No es ni bueno ni malo, pero podemos hacer algo para que se sienta más cómoda. Otro gesto de nerviosismo es cuando la persona tiene las manos entrelazadas con fuerza, cuando se marcan mucho los nudillos.

Gesto de «estoy cansado»

Si tu interlocutor resopla, aunque te pueda parecer que algo no va bien, en realidad significa que la conversación se está alargando demasiado y está cansado. Es una señal de que debes ir cortando. Otro gesto que significa «cansancio» es cuando se tira del cuello de la camisa o de alguna parte de la camisa como para ajustarla.

Postura de «me aburro»

Si tiene las piernas cruzadas y las manos entrelazadas apoyadas en la rodilla significa que se aburre. Es una postura muy cerrada que denota pasotismo, esa persona ya no quiere estar ahí.

Gestos de «me quedo por cortesía»

Cuando veas que tu interlocutor se quita pelitos o bolitas de la camisa o, si es una mujer, se mira o se toca las puntas del cabello, significa que le importa poco lo que le dices pero se queda por cortesía, por educación.

Postura de «me quiero ir»

Si ves que la persona tiene una pierna doblada normal y la otra está estirada con el pie mirando hacia fuera, sobre todo si apunta hacia la puerta, significa que quiere irse.

Postura de barrera

Si la persona tiene las piernas cruzadas pero la de arriba solo apoya la tibia o el tobillo en la de abajo, esa pierna hace de barrera vital pero también mental: hay una barrera en esa conversación. Vas a tener que esforzarte para echarla abajo. Cambia de argumentos para ver si cambia de postura y se abre un poco.

Cara de falta de entendimiento

Cuando alguien entrecierra los ojos es que no acaba de entender lo que le estás diciendo, así que debes explicarte mejor.

Gesto de «macho alfa»

En el caso de que tu interlocutor lleve corbata, si se la ajusta significa que está imponiendo su dominio, él quiere ser el «macho alfa» en la conversación e intentará establecer sus reglas y sus condiciones.

Postura de «todo va bien»

Cuando alguien tiene la cabeza un poco ladeada es que la conversación va bien, te está dando la razón a todo lo que le estás explicando. Si además asiente con la cabeza o sonríe, es que va muy bien.

Gesto de «voy a salir perdiendo»

Si en una conversación estás discutiendo algo y ves que la otra persona se muerde los labios o mete los labios hacia dentro con un gesto rápido significa que piensa que va a perder o que el resultado de la conversación no será el que quiere. También si se muerde las uñas o se las toca. Cambia los argumentos para que sienta que los dos saldréis ganando.

Gesto de «me lo estoy pensando»

Si tu interlocutor mete los labios hacia dentro y los mantiene así significa que se lo está pensando. Ofrécele argumentos adicionales para terminar de convencerle.

Leer a las personas no es fácil y requiere práctica, pero verás que si prestas más atención a las posturas que a lo que te están diciendo acabarás aprendiendo y cada vez leerás mejor a los demás.

Ejercicio

Hoy te vas a poner delante de un espejo y vas a simular estos gestos uno a uno, de este modo en las próximas conversaciones que tengas serás capaz de identificar muchos de ellos.

Día 19

Elimina personas tóxicas

Las personas tóxicas son parásitos de energía, y cuanto peor te hacen sentir, mejor se sienten ellos. Supongo que ya lo sabes, pero las consecuencias de tener cerca a una persona así son muy negativas para la consecución de tus metas.

Por desgracia, por mi vida han pasado varias personas así. A muchas las calo rápido, pero hay otras, las peores, que son tan buenas manipulando que cuando te das cuenta de cómo son en realidad, ya ha pasado mucho tiempo y es más difícil deshacerse de ellas.

Especialmente recuerdo dos que hayan sido intensas: mi expareja, con la que estuve casi cinco años, y un trabajador al que le di toda mi confianza en lo laboral y también mi amistad; me costó un año de ceguera y otro año más de no saber qué hacer, hasta que lo despedí.

Estas personas son expertas en manipulación, por lo que al principio cuesta reconocerlas. Pero con el tiempo aprendes que hay algunas banderas rojas que te hacen sospechar.

¿Cómo identificar a una persona tóxica?

1. Su principal *hobby* es criticar a los demás. Puede resultar divertido al principio, porque lo hacen de tal manera que lo parece, y a casi todo el mundo le gusta el cotilleo (por algo existe la prensa rosa). Pero recuerda que si lo hacen con todo el mundo, en cuanto te des la vuelta también lo harán contigo.

2. Tergiversan información para su propio beneficio. Esto me pasó con el empleado que te contaba. Él estaba a cargo del equipo y les transmitía información sesgada. Pongo un ejemplo: si yo digo: «La empresa ahora mismo no puede pagar más para este puesto. Si la persona encuentra otro trabajo estaré supercontenta por ella porque lo merece pero, sintiéndolo mucho, no le vamos a subir el sueldo»; pues bien, no es lo mismo que: «Judit ha dicho que es lo que hay, que si quieres te busques otro trabajo, pero que deberías estar agradecida». Dicen casi lo mismo pero la intención no es la misma. Estas personas siempre comunicarán supuestas palabras que salieron de tu boca, pero que en realidad no fue así. La mayoría de las veces para hacerte quedar mal delante de los demás y, probablemente, para quedar bien ellas.

3. Su vida es una queja constante. Siempre necesitan más, sienten que lo que les das es poco, da igual si es cierto o no. No merece la pena gastar tanta energía intentando complacerlas constantemente.

4. Se ponen irascibles si no les sigues o no les das la razón. No se les puede llevar la contraria bajo ningún concepto porque se enfadan y lo manifiestan con ataques de ira.

5. Tienen una tendencia muy alta a la manipulación. Eso hace que sean personas carismáticas, camaleónicas, les encanta gustar y van a esforzarse para que así sea, adaptándose a quien tienen delante. Saben que deben dar buenos momentos para que los malos compensen y puedas perdonarles cualquier cosa, por lo que en ocasiones serán el mejor amigo o la mejor pareja; mejor dicho, lo parecerán. Recuerdo las peleas con mi ex; después me regalaba flores y era el mejor novio del mundo, pero eso duraba una semana o menos.

6. Son personas poco honestas y con tendencia a mentir. Cuando les preguntas si todo está bien te dirán que sí aunque no sea cierto. Evitarán el conflicto directo siempre porque lo suyo es más crear el conflicto por detrás.

7. No aceptan las críticas. Siempre quieren tener la razón y antes de reconocer un error te harán creer que eres tú el que está equivocado.

8. Te castigan sin que te des cuenta. Disfrutan haciéndote sentir mal. Recuerdo a mi expareja diciéndome que no saldríamos a cenar hasta que no me quitase los tacones (él era más bajito que yo y eso le acomplejaba). Con «los tacones» se refería a los de unas botas camperas que el zapatero ya había dejado en tres centímetros porque él no soportaba que no fuese con calzado plano. De hecho, ya me había puesto esas botas más de una vez con él, pero ese día, nada más y nada menos que el día de mi cumpleaños, decidió que no salíamos. Él era consciente de que estaba en su casa y no podía cambiarme. Este tipo de situaciones, castigos camuflados, son habituales de las personas tóxicas.

9. Son personas envidiosas y celosas. No les gusta que seas mejor que ellas en algo, ni más inteligente, más hábil en cualquier cosa, etc. Y si lo eres, creerán que ellas lo harían mejor que tú «si se ponen». Tienen la autoestima tan baja que necesitan dejarte mal a ti o a los demás para parecer mejores.

10. Intentan ponerte en contra a personas que puedan destaparles. Igual que intentarán ponerte en contra de otras personas para que te odien, también te manipularán para ponerte en contra a personas que no aceptan tu relación. Por ejemplo, amigos o familiares que te puedan hacer ver la realidad. Poco a poco te van apartando de esa gente o los critican para que les cojas manía.

¿Qué hacer cuando tienes una persona tóxica al lado?

Lo mejor es cortar por lo sano y apartarla de tu vida, tanto por el desgaste que conlleva como por el hecho de que no le interesa que tú tengas éxito. Las personas tóxicas no soportan ver la felicidad y el éxito de los demás, eso les hace sentir todavía más inferiores. Tienen muchas inseguridades y la autoestima muy baja, y todo serán barreras para tu camino hacia el éxito.

En caso de que no puedas deshacerte de ella, por ejemplo porque es parte de tu familia, intenta pasar el mínimo tiempo posible cerca para que sus palabras y sus acciones no te afecten, y si aun así no puedes, toma el control e intenta pasar de todo, que no te afecten sus actos; simplemente piensa que esta persona es así y que poco puedes hacer para cambiarla o cambiar la situación en la que te ha metido.

Ejercicio

Ahora que ya sabes identificar a las personas tóxicas, escribe el nombre de esa persona que no te hace bien y que te impide alcanzar el éxito si está cerca.

Día 20

Escoge bien a tu tribu

¿Recuerdas cuando tus padres se interesaban por las personas con las que salías en tu adolescencia? Razón no les faltaba para indagar, porque si tus amigos tienen malos hábitos es probable que tú también los acabes teniendo.

Seguro que alguna vez habrás escuchado la frase de Jim Rohn: «Eres el promedio de las cinco personas con las que más tiempo pasas». Por eso las personas de éxito saben rodearse bien, escogen a su tribu de forma minuciosa y se alejan de quienes no les aportan o les restan.

Hace unos días vi en las redes sociales las fotos de una quedada que organizó Brendon Burchard, uno de mis primeros mentores. Había invitado a unas treinta personas a un evento de *networking* y estaban los mejores influenciadores de Estados Unidos. En las fotos pude ver cómo compartían información y trucos. ¿Y sabes qué? En la práctica la mayoría de ellos se hacen la competencia.

Puedes ver a la competencia como contrarios o ampliar tu mente y pensar en ellos como colaboradores. Si colaboráis y hacéis sinergias, estáis ayudando a expandir el mercado y eso es beneficioso para todos.

Algo que debes tener en cuenta es que una relación sana con alguien de la competencia es una relación bidireccional, donde las dos partes ganan en la relación. Si siempre estás contando tus trucos o tus secretos y el otro nunca te aporta nada, esa relación no va a funcionar. Igual al revés, si el otro siempre te da pero tú no sueltas prenda, no va a funcionar. Si os ayudáis, crecéis; si os hacéis la competencia de forma negativa, los dos estáis perdiendo.

Sé que asimilar esto cuesta mucho porque desde pequeños nos han enseñado a competir y a que si uno gana, el otro pierde. Pero en las relaciones no es así, ambas partes pueden ganar con ayuda mutua.

Igual que estos mentores estadounidenses, suelo ir a muchas comidas y cenas con mi competencia, donde compartimos información y buenos momentos. Tengo que reconocer que me siento más en conexión con gente que está en la misma situación que yo, con los mismos éxitos pero también con los mismos retos.

¿Qué personas debes evitar en tu tribu?

Sobre todo a las personas tóxicas que te roban energía. Y también a las personas negativas, porque te atrapan en esa energía y te será difícil tener la mentalidad de éxito estando a su lado.

¿Qué tipo de personas deben pertenecer a tu tribu?

Personas positivas, que te reten a ir a por más. Incluso si son personas que ya han alcanzado lo que tú quieres, si adoptas una posición de admiración, nunca de envidia, te ayudarán a ir a por tus objetivos porque son un ejemplo para ti.

En lo personal igual, rodéate de gente en la que puedas confiar, con la que hablar y que te escuchen de verdad, sin juzgarte, amigos que te apoyen en tus decisiones. No todos los amigos son verdaderos y a medida que te haces mayor van quedando menos, pero de mayor calidad. Ya hemos visto que a las personas tóxicas es mejor tenerlas bien lejos. En cambio, te recomiendo que busques a tu tribu cuanto antes si todavía no la tienes en tu vida.

A veces conservamos amigos «porque toca», porque siempre han estado ahí. Tampoco es que ahora tengas que cambiar de amistades, seguramente estas te aportan algo, pero a la vez debes buscar otras porque necesitas rodearte de personas de éxito si quieres alcanzarlo tú también. Para ello, asiste a tantos eventos como puedas para conocer gente con tus mismas inquietudes. En mi página web, <www.juditcatala.com/eventos>, quizá encuentres alguno cerca de tu ciudad. También puedes buscar en las redes sociales; a muchos de mis amigos o colegas de hoy los he conocido porque nos seguíamos en redes. Después quedas en persona cuando ellos vienen a tu ciudad o tú vas a la suya. Es genial tener una gran red de contactos.

De hecho, una persona de éxito no es la que tiene respuesta para todo, sino la que tiene los números de teléfono de quienes tienen la respuesta cuando la necesita. Eso me pasa a menudo, si tengo una duda sobre algo miro quién de todos mis contactos podría darme la solución en una llamada rápida, en vez de tirarme horas intentando descifrarlo yo sola.

Lo de estar bien relacionada es una de las cosas que más me costó en mi camino hacia el éxito, porque tenía pocos contactos dado que vengo de un barrio donde la mentalidad muchas veces está encasillada en lo normativo: «Jornada de ocho horas en un trabajo que odias, y esperar con desesperación las vacaciones y la jubilación». Y eso que fue una de las primeras cosas que observé en las personas de éxito: todas se conocían entre ellas. Así que si quieres tener éxito empieza a buscar a tu tribu.

Ejercicio

Hoy vas a hacer dos listas. Rellena la primera columna con cinco de tus referentes, personas a las que admiras por cómo son y por lo que han conseguido. En la segunda añade las cinco personas con las que pasas más tiempo. Una vez tengas las dos listas, en la tercera indica qué les falta a las personas con las que pasas más tiempo para ser como las que admiras. Ahí te darás cuenta de que quizá debas empezar a invertir más tiempo con otras personas que te aporten más en tu camino al éxito.

Día 21

Comunícate para el éxito

¿Nunca te has quedado anonadado escuchando hablar a alguien? Vivimos en una sociedad donde la atención lo es todo. Si tienes la atención de la gente puedes hacer negocios, establecer sinergias, construir nuevas relaciones que te ayuden en tu camino hacia el éxito, etc.

Las personas de éxito captan la atención de cualquiera, y cuando hablan, la gente las escucha. Seguro que si te gusta el mundo de la empresa o el desarrollo personal recordarás alguna ponencia de Steve Jobs; eran exposiciones maestras donde no perdías ni un segundo de atención.

Cuando te comunicas de forma exitosa eres capaz de influenciar a los demás. Cuidado, influenciar no es manipular (también podrías tener esa capacidad si entiendes cómo funciona la mente humana, aunque no es lo que quiero enseñarte en este libro). Cuando influencias, estás impactando positivamente a los demás, la comunicación está enmarcada en la transparencia y la honestidad, mientras que con la manipulación ocultamos información para obtener un beneficio.

Por eso es importante que las claves de comunicación para el éxito que voy a enseñarte las utilices para influenciar positivamente y nunca para manipular.

Estas claves van a servirte en tu carrera profesional, por ejemplo para convencer a tus compañeros o a tus superiores acerca de una idea. Los empleados que mejor se expresan suelen tener mejores puestos de trabajo porque no solo hay que ser bueno, también hay que hacerse ver. Si diriges una empresa también te ayudará a comunicarte mejor con tus clientes, y eso puede traducirse en un aumento de tu cifra de negocio.

Claves de comunicación para el éxito

Entusiasmo. Si solo pudiese darte un consejo para influenciar a las personas sería este: mantén el entusiasmo.

Cuando hables y expliques algo, hazlo con ilusión. Tu interlocutor debe percibir un interés honesto en que buscas el bienestar y el éxito de ambas partes. El entusiasmo conecta con la gente.

Siempre se me ha dado bien la venta, ¿y sabes por qué? Porque cuando vendo un proyecto de mi empresa, me ilusiono casi más que el cliente mientras le hablo del resultado que puede conseguir y cómo esto va a cambiar su realidad. Sucede exactamente igual con los alumnos de nuestras formaciones. En ocasiones, mientras doy alguna ponencia y les vendo mis cursos, se me saltan las lágrimas de ilusión porque sé que en unos meses su realidad será bien distinta si les ayudamos. Recuerdo lo mal que lo he pasado cuando las cosas no me iban bien y cómo son ahora, y en ese momento quiero lo mismo para ellos, por eso lo cuento con entusiasmo.

Y eso es lo que tú debes hacer: cuando hables de cualquier idea, hazlo con ilusión y entusiasmo.

Encontrar el botón emocional. Para mantener la atención de las personas con las que hablas, debes empezar por buscar su botón emocional. Algo que les remueva emocionalmente, que les haga clic en la cabeza. Cuanto más conozcas a tu interlocutor más fácil te será encontrar ese botón, por eso es importante preguntar más que hablar.

En una conversación con alguien, si quieres saber quién es para influenciarle positivamente, el 90 por ciento del tiempo debe hablar este, tienes que averiguar lo que quiere con muchas preguntas, conocer esos botones emocionales. Luego es tan simple como repetir lo mismo que ha dicho, y pensará que le estás leyendo la mente, cuando en realidad es información que te ha dado sin darse cuenta.

Si no tienes la oportunidad de preguntar, imagínate que es una reunión o una ponencia donde hay muchas personas, observa sus reacciones a medida que vas hablando, fíjate en qué caras ponen, y de este modo podrás obtener la información que necesitas.

Tener el poder. Si queremos comunicarnos para influenciar a los demás debemos tener el poder en la conversación. Para que esto suceda tienes que hacerla exclusiva, es decir, el otro tiene que sentir que de algún modo hablar contigo es un privilegio. Aquí utilizamos el gatillo mental de la exclusividad. Por ejemplo, en nuestra agencia no trabajamos con todo el mundo, para ser cliente nuestro tienes que rellenar un formulario y si estamos interesados entonces concertamos una reunión. Eso lo hace exclusivo y permite que cuando nos sentemos a hablar nosotros tengamos el poder, porque somos los que hemos decidido trabajar con el cliente y no el cliente con nosotros.

Ahora o nunca. Cuando dominas una conversación no dejes que el otro te conteste con grises, es decir, busca un sí o un no, que las respuestas sean claras. Imagínate en una negociación, estás intentando convencer a alguien de algo y te contesta con un «me lo pensaré», «lo haremos más adelante», etc. No son respuestas claras. Lo que quieres es un sí o un no, y para ello puedes utilizar el gatillo mental de la escasez, un ahora o nunca, porque si te quedas en una escala de grises el no está asegurado.

Crea tu propia filosofía. Establece tu método y usa tus propias palabras para que los demás te perciban como una autoridad. Por ejemplo: «excelenciarse», «efecto *boomerang* en internet», «rueda dorada del marketing online». Son algunos términos que utilizamos en la empresa que hacen que lo que comunicamos sea único; otros te hablarán de marketing, pero nunca de la rueda dorada. Decimos «excelenciarse», que es una palabra propia, o que nuestros alumnos son «emprendedores del cambio».

En tu manera de comunicar, si copias eres un experto pero si creas conceptos eres una autoridad, y así es como queremos que nos perciban para una comunicación de éxito.

Demuestra. Los grandes comunicadores no solo hablan, sino que acompañan sus palabras con acciones. Para influenciar a los demás cuenta tanto lo que dices como lo que haces. Es más, tus acciones tienen que hablar más alto que tus palabras.

Hacer fácil lo difícil. Para comunicar con éxito, cuando hables sobre algo complejo debes tener la capacidad de hacerlo fácil de entender para cualquier persona. Cuando hables sobre un tema que entrañe cierta complejidad, piensa que un niño debería entender lo que dices; si eres capaz de descodificarlo y reformularlo para que un niño lo entienda, el éxito está asegurado.

Que encuentren la solución ellos mismos. Lo veremos más adelante, cuando hablemos sobre cómo vender: a las personas no nos gusta que nos digan lo que tenemos que hacer, así que una comunicación para el éxito no impone una idea, sino que abre una puerta para que los demás encuentren la solución por sí mismos. Nosotros solo los guiamos.

Los demás antes que tú. Igual que no nos gusta que nos den órdenes, tampoco nos gusta que nos hagan de menos. Todo lo contrario, nos encanta que nos hagan sentir importantes, que nos empoderen. Dale a los demás más crédito que a ti, deja tu ego a un lado. Los importantes son ellos. Y no solo con el interlocutor que tienes delante, habla bien de otras personas constantemente y evita la crítica. La comunicación siempre debe ser positiva.

Sé un héroe alcanzable. Si pareces demasiado perfecto tu imagen puede resultar inalcanzable. Eso no conecta, y si lo que queremos es influenciar positivamente a los demás y motivarlos para que pasen a la acción, lo que contemos tiene que parecer posible. Por eso debes ser un héroe alcanzable, es decir, permanece en la posición en la que ellos quieren estar pero deja claro que tú también estuviste en su posición, y que con tus indicaciones pueden hacer ese cambio que desean.

Cuida la primera impresión. Si tu interlocutor no te conoce de nada, piensa que en dos segundos se llevará una primera impresión de ti, y no existe segunda oportunidad para una primera impresión.

Bert Decker, autor del libro *You've Got to Be Believed to Be Heard*, nos dice que esos primeros dos segundos son tan importantes y marcan tanto la conversación que harán falta otros cuatro minutos para añadir un 50 por ciento más de impresión (negativa o positiva) a esa comunicación. Y añade que en esos primeros dos segundos prácticamente todo es visual, así que vístete para el éxito, para causar una buena impresión, porque antes incluso de que abras la boca, si esa primera impresión es mala, te llevará mucho tiempo reparar el daño.

Después de esa primera impresión debemos captar la atención de esa persona y solo contamos con veintinueve segundos para que decida si quiere seguir atendiendo a lo que decimos.

Lo que digas en ese medio minuto tiene que ser clave y estar muy bien preparado.

Si crees que tu oratoria no es perfecta no te preocupes, comunicar asertivamente no significa que tengas que pronunciar correctamente o utilizar palabras complejas. De hecho, si me escuchas en una ponencia verás que no hablo como una presentadora ni como una política, incluso a veces digo palabrotas, pero aun así comunico bien y la gente me presta atención porque les interesa lo que digo, pero sobre todo cómo lo digo y las emociones que despierto en ellos, y eso es lo importante cuando comunicamos.

Branding

Ya hemos hablado de lo importante que son los primeros segundos para la impresión que se forman los demás de ti, ¿qué pasaría si pudieses empezar con esa primera impresión ya ganada? Para eso sirve el *branding,* tu marca personal.

Se crea antes de que abras la boca, de hecho se trabaja mucho antes. Es lo que piensan de ti sin conocerte en persona, lo que saben de ti, y la imagen que se han forjado previamente, algo que trabajaremos más adelante.

Trabajar tu marca personal te ayuda a que te perciban como una autoridad y a que de entrada la gente te escuche con más atención. Recuerdo que mi amiga Mónica Mendoza me explicó que daba unas ponencias donde ella era «la segunda». El caso es que había un ponente estrella, un gurú, profesor de una reconocida escuela de negocios, y ella era «la telonera», por decirlo así. En las valoraciones de los asistentes, el ponente principal siempre conseguía más reconocimiento; a ella le decían que era muy graciosa, pero el contenido del otro era mejor valorado.

Un día le propuso hacer un experimento y para ello tenían que intercambiarse los guiones en un 70 por ciento, ella haría la ponencia de él y él la de ella para ver qué sucedía. Sorprendentemente, el contenido de él seguía siendo mejor valorado aun tratándose de la conferencia de ella. ¿Por qué? Por el *branding*. Los asistentes ya les habían valorado antes de escucharles hablar, él era «el importante» y ella era «la telonera».

Esto pasa muchísimo en el arte. ¿Por qué unos cuadros tienen un precio desorbitado mientras que otros se venden por casi nada? El arte es muy subjetivo, no es como comprar algo donde más significa más caro. En el arte, el *branding* del autor lo es todo.

Pero no te preocupes si todavía no tienes tu marca personal porque, como te decía, lo trabajaremos más adelante.

Ejercicio

Escribe cinco cosas que puedes mejorar para empezar a hablar como los empresarios de éxito.

1.	
2.	
3.	
4.	
5.	

Día 22

Sé auténtico

Como ya sabes, cuando empecé con mi primera empresa en 2009 tenía veintitrés años y creía que la edad jugaba en mi contra para que los clientes se fiaran de mí, por lo que en las reuniones me «disfrazaba» con traje de chaqueta y tacones, y actuaba de una forma poco natural para aparentar lo que no era porque pensaba que siendo muy formal me tomarían más en serio. Pero no me sentía bien viviendo en una farsa continua, es muy complicado estar actuando todo el tiempo.

Con los años me fui relajando, primero me quité los tacones, luego el traje, empecé a hacer bromas y a hablar de un modo más cercano en vez de tan formal, y la sorpresa fue que conectaba más, y sobre todo vendía mucho más.

Tantos años ocultando mi verdadero yo y resulta que era lo que la gente quería ver.

Ser auténtico es como un imán, porque los demás se ven reflejados en ti, hay una gran conexión y eso es clave para las relaciones humanas.

La autenticidad es de valientes puesto que también implica compartir tu vulnerabilidad, tus luces pero también tus sombras. Y eso nos cuesta mucho porque a nadie le gusta quedar mal delante de los demás. Y justamente eso es lo que pensamos, que la gente nos va a juzgar, cuando en realidad es todo lo contrario. Las personas quieren sentirse comprendidas, y nadie mejor para entenderlas que alguien que haya pasado por lo que están pasando ellas.

De los posts que cuelgo en mis redes sociales, los que tienen más interacción siempre son aquellos en los que me muestro más vulnerable. En ellos cuento mis aprendizajes de sucesos nada agradables que me han pasado en la vida, por ejemplo mis fracasos empresariales, un aborto, la relación abusiva que tuve con mi expareja, etc.

Cuando eres auténtico atraes a la gente porque todo fluye, sale natural. ¿Atraes a todo el mundo? Por supuesto que no. Solo al tipo de gente que es como tú, que comparte tus mismos valores e inquietudes.

Y si te estás preguntando qué puedes hacer para atraer a todo el mundo, la respuesta es: ¡nada! Es imposible, y para que lo entiendas voy a contarte una fábula:

Había una vez un anciano y un niño que viajaban con un burro de pueblo en pueblo. Como el burro ya era mayor y le costaba caminar, decidieron no montarse en él. Llegados al siguiente pueblo, un grupo de niños se rio de ellos, gritando:

—¡Qué tontos! Míralos, tienen un burro y no lo usan. Al menos el viejo podría subirse al burro.

Así que el anciano se subió y siguieron su camino. Llegaron al siguiente pueblo, y los vecinos se indignaron cuando vieron al viejo sobre el burro y al niño caminando al lado. Comentaban:

—¡Madre mía! Mira ese viejo subido en el burro tan tranquilo mientras el pobre niño va caminando.

Al salir del pueblo, el niño subió al burro y el anciano bajó. Siguieron su camino hasta llegar a otro pueblo. Cuando los vieron llegar, también se escandalizaron:

—¡Fíjate! Lo nunca visto. El niño tan cómodo montado en el burro mientras el pobre anciano tiene que ir caminando a su lado. ¡Qué sinvergüenza!

Después de esos comentarios, el anciano y el niño decidieron compartir el burro. En el siguiente pueblo las críticas fueron aún peores:

—¡No tienen corazón! ¿Cómo pueden tratar así al pobre animal?

El burro, exhausto, ya no podía más después de cargar con los dos, y como todavía faltaba mucho para llegar a destino, decidieron atar al burro a un palo por las patas y cargarlo sobre sus hombros.

En el siguiente pueblo, la gente se congregó en la plaza para verlos pasar mofándose de ellos, y les gritaban:

—Pero ¡qué tontos! Tienen un burro y en lugar de montarse sobre él, lo llevan a cuestas. ¡Nunca hemos visto a nadie tan tonto!

Cada vez se congregaba más gente y los siguieron para continuar mofándose de ellos. Al llegar a un puente, el ruido de la multitud asustó tanto al burro que empezó a forcejear hasta librarse de las cuerdas y cayó al río, nadó hasta la orilla y se escapó.

El anciano, triste, se dio cuenta de que siempre había actuado para quedar bien con todos y por eso había perdido a su querido burro.

Moraleja: Es imposible contentar a todo el mundo. Hagas lo que hagas, siempre habrá alguien que te critique. Aprende a vivir con ello y no les eches cuentas.

Cuanto más te expongas con tu marca personal, más críticas saldrán. Solo tienes que ver los comentarios en mis publicaciones, sobre todo los que llegan de gente que no me conoce, como en los anuncios o los vídeos en YouTube. Cada veinte comentarios hay uno malo, más o menos un 5 por ciento. He de reconocer que al principio me enfadaba, no entendía por qué personas que no me conocían de nada llegaban incluso a insultarme. Luego pasé de enfadarme a entristecerme. Sentía pena por ellos.

Suerte que soy muy pasota, y aunque a veces inconscientemente sí me ha afectado, eso nunca me ha impedido seguir publicando y compartiendo con el mundo lo que sé.

En tu camino hacia el éxito no importa lo que hagas, puedes ser criticado por cualquier cosa. Todavía recuerdo las críticas que recibió Amancio Ortega cuando su fundación donó trescientos veinte millones de euros a hospitales españoles para invertir en tecnología para la detección y el tratamiento del cáncer.

Claro que ese dinero desgrava, pero es un acto bueno. Si no donase dinero también recibiría críticas, porque llegan hagas lo que hagas. Es más, cuanto más éxito tengas, más críticas vas a recibir. Ojalá no fuese así, pero las personas sienten envidia y celos, y eso las impulsa a criticar.

Más adelante profundizaremos en las creencias limitantes relacionadas con el dinero y lo verás más claro; cualquier persona que triunfa, ya sea porque gana mucho dinero o porque ha logrado escalar y llegar a lo más alto en su profesión, va a ser criticada. Constantemente recibo comentarios del tipo: «Algo habrás hecho para estar donde estás», como si mi esfuerzo, mi dedicación y mi determinación no fuesen suficientes.

¿Por qué estas personas hacen este tipo de comentarios? Muchas veces porque su realidad está tan alejada de la tuya que no creen que sea posible llegar a donde has llegado por ti mismo, tienen muchos condicionamientos. Otras porque descargan su rabia en ti, no están contentos con sus resultados y eso los lleva a envidiar y criticar.

La parte buena de todo esto es que la crítica es un cumplido escondido, porque la envidia indica que ven algo positivo en ti que ellos no se ven capaces de conseguir y por eso les sale la rabia y la ira.

¿Qué debes hacer tú al respecto? En vez de criticarlos o ponerte a la defensiva es mejor no hacer nada e intentar entenderlos, piensa que todavía les queda un largo camino de introspección y de cambio de conciencia, un camino que quizá tú ya has empezado a recorrer desde hace un tiempo; de hecho, estoy segura de que alguna vez también estuviste ahí. Cuando veas las críticas, siente compasión por ellos y piensa en lo bueno que sería si pudiesen cambiar; aunque ese no es tu trabajo, es un trabajo que deben hacer ellos.

Si te enfadas por esos comentarios te estás desviando de las cosas positivas, estás absorbiendo su energía negativa y eso no te permite tener la actitud de una persona de éxito. No deberías estar concentrado en gente que ni conoces, no merece la pena ese gasto de energía.

Si en algún caso decido contestar, les digo que los entiendo perfectamente, intento sonreír a la crítica, eso los desmonta, y la mayoría de las veces se les bajan los humos y te responden de una manera más amable. De hecho, muchos de ellos lo que quieren es atención, sus cinco minutos de gloria donde son escuchados y tenidos en cuenta, y si les contestas lo están obteniendo. Pero insisto, no merece la pena tener ese desgaste, ni siquiera cada equis tiempo, porque no acabarías nunca.

Lo más importante es que esas críticas no te afecten como para dejar de ser tú mismo.

Recuerdo cuando empecé a poner gags en mis vídeos de YouTube, en los que salimos mi equipo y yo haciendo el tonto. Muchos de mis colegas me comentaron que ellos no se atrevían porque no querían parecer poco serios, y sí, hay gente que critica esos vídeos diciendo que esa parte sobra y que parezco poco seria, o directamente tonta, pero la mayoría me comenta que le encantan, así que simplemente hago lo que me apetece y lo que me hace feliz, que es hacer el tonto delante de una cámara.

Woody Allen dice que nunca lee las críticas de sus películas: «Porque cuando son buenas te envaneces, y cuando son malas te deprimes». Reconozco que hace tiempo que yo tampoco miro los comentarios en mis redes, los filtra mi equipo y solo me llegan las críticas constructivas que nos ayudan a mejorar. Pues bien, desde que dejé de mirar los comentarios vivo mucho más feliz.

Cuando te expongas públicamente, hagas lo que hagas cuenta con que a un 25 por ciento le vas a encantar, otro 25 por ciento te va a odiar, y el 50 por ciento restante no tendrá claro si le gustas o no.

¡No puedes gustarle a todo el mundo, así que simplemente sé auténtico y verás como empiezas a atraer a cantidad de personas como tú!

Ejercicio

Escribe una historia de algo que te haya pasado y te da vergüenza contar, pero que de algún modo podría ayudar a mucha gente que está en esa situación a sentirse comprendida. A partir de ahora, cuando hables con alguien cuéntale tu historia si crees que puede ayudarle.

Habilidades financieras / profesionales

Si le preguntamos a cualquier persona en privado si le gustaría tener mucho dinero, prácticamente el cien por cien dirá que sí. Otra cosa bien distinta es si le preguntamos en público, en ese caso quizá recibamos comentarios del estilo: «Me da igual el dinero, yo lo que quiero es ser feliz». Y es que hablar de dinero es un tema tabú, está feo decir cuánto ganas, y tampoco está bien visto querer ganar más, aunque todo el mundo lo desee.

Eso no sucede en Estados Unidos; cuando estuve viviendo allí, era muy común compartir con personas que acababas de conocer cuánto facturaba tu empresa, porque ¿cómo te va a ayudar alguien si no sabe ni cuánto facturas? En la agencia esto es algo que nos ocurre con frecuencia, nos enfocamos en resultados y si lo que el cliente quiere es facturar más necesitamos saber cuánto factura, pero siempre hay que sacárselo con sacacorchos, no es algo que le apetezca compartir de buenas a primeras.

Si seguimos con el interrogatorio, después de plantearle si le gustaría ganar mucho dinero, le preguntamos si le gustan los

198 I ENTRENA TU ÉXITO

números. El porcentaje de estas personas que nos contesta que no es muy alto.

Ahora quiero que reflexiones, seguramente eres de los que quieren más dinero y es probable que tampoco te gusten los números. Siento decirte que el dinero son números, y que si algún día quieres ser millonario debes empezar a llevarte bien con ellos.

En esta parte dedicada a las habilidades financieras no solo repasaremos la gestión de tus finanzas para sacar el mayor rendimiento a tu dinero ahora que conocemos los secretos de las personas que alcanzan éxito, también veremos si tu mentalidad frente al dinero te está impidiendo que lo consigas. Y revisaremos de qué formas puedes ganar más dinero del que estás ganando en este momento, por ejemplo emprendiendo.

Empieza a amar los números, a sanar tu relación con ellos, y verás como poco a poco el dinero llega.

Día 23

Encuentra tu propósito

Cuando te levantas, ¿sientes que «tienes que ir a trabajar»? Y digo «tienes» para enfatizar lo negativo de la obligación. Si la respuesta es sí, vamos mal. De hecho, si haces lo que te apasiona nunca más volverás a trabajar, no lo sentirás como algo pesado sino que te levantarás de la cama de un salto con ganas de empezar el día.

¿Verdad que cuando piensas en tu cantante favorito, un actor o un futbolista te da la sensación de que eso no es «trabajar»? Es porque les apasiona lo que hacen.

Hazte esta pregunta: si tuvieses la vida resuelta, tanto dinero que no necesitaras «trabajar» por obligación nunca más, ¿seguirías trabajando? Si la respuesta es que sí, estás dentro de tu propósito. Y ahora estarás pensando que por mucho que te guste tu profesión, lo primero que harías sería viajar por todo el mundo, descansar, dedicar tiempo a tus *hobbies*, etc. Y sí, seguramente sí, pero una vez pasados los primeros años te cansarías de eso. ¿Qué harías entonces? Eso es tu pasión, tu propósito.

Tener tu propósito de vida identificado te ayuda a mejorar también tus finanzas, porque cuando estás dentro de tu propósito todo fluye, llegas a tu máximo potencial y solo desde ahí puedes poner toda la energía en tu actividad diaria. Le dedicarás tantas horas como quieras, seguramente muchas porque uno nunca se cansa de lo que más le apasiona. Te llegarán grandes ideas para ganar más dinero si eso está enmarcado en tu propósito.

Para encontrar tu propósito revisa el ejercicio del capítulo 5, donde encontraste tu porqué, y a partir de ahí realizaremos otro ejercicio que te será muy útil: el ikigai.

El ikigai nos permite ver no solo aquello que nos gusta hacer, sino también aquello por lo que nos pagarían. Está muy bien que seas fanático de algo, pero raramente eso te aportará la estabilidad financiera que quieres si no hay nadie en la faz de la tierra que te pague por ello.

¿Cómo se construye el ikigai? Encontrando estas cuatro áreas:

1. Lo que amo.
2. Aquello en lo que soy bueno.
3. Lo que el mundo necesita.
4. Aquello por lo que pueden pagarme.

Vamos a ver cómo puedes encontrar cada una de ellas:

1. ¿Cuál es tu pasión?

Piensa en algo con lo que se te pasan las horas volando, entras en estado de flujo y ni te acuerdas de que no has ido al baño o que hace horas que no comes. Es algo que te gusta, que disfrutas mucho haciéndolo.

2. ¿En qué eres bueno?

A veces es difícil identificar en qué somos buenos porque solemos ser muy modestos y cuesta echarse flores a uno mismo. Pero pregúntate por qué motivo cuando tus amigos o tu círculo cercano necesitan ayuda siempre recurren a ti.

También estaría bien que le preguntes directamente a tu círculo cercano: «¿En qué crees que soy bueno?». A veces ellos tienen la respuesta más clara que nosotros.

3. ¿Qué necesita el mundo?

Aquí se trata de «dar», del legado que puedes dejar, de qué aportas a la comunidad. Porque tu propósito no solo debe beneficiarte a ti, sino que debe crear un impacto positivo en el mundo.

4. ¿Por qué pueden pagarte?

Este último punto es muy importante, porque si no lo completas entonces estarás describiendo un *hobby*, y tu propósito debe proporcionarte una estabilidad financiera para poder disfrutar plenamente y dedicarle todo el tiempo que tengas y quieras.

Analizando a fondo estos cuatro puntos encontrarás tu ikigai, tu propósito de vida, donde poner el foco para ofrecer tu máximo potencial y ganarte la vida con ello.

IKIGAI

«Razón de ser»

Ejercicio

Rellena las cuatro áreas para encontrar tu ikigai.

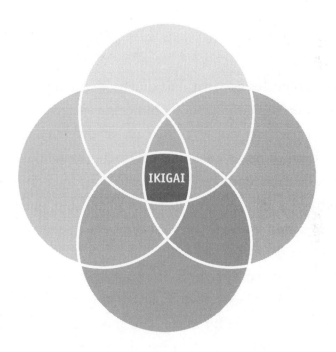

Día 24

Emprende

Si lo que quieres es ganar más dinero, tienes varias opciones: ascender en tu puesto laboral por cuenta ajena, aprender a invertir o emprender, que es justo lo que veremos en este capítulo.

Después de tantos años emprendiendo y habiendo asesorado a miles de emprendedores, debo puntualizar algo: el emprendimiento no es para todo el mundo. Es algo que se puede aprender, no es innato, pero debes estar dispuesto a sembrar con gran sacrificio para recoger más tarde.

Siempre digo que no me habría importado trabajar por cuenta ajena si me hubiesen dado libertad para crear y tomar decisiones y de ese modo aprovechar mis inquietudes emprendedoras, pero soy consciente de que hay algo que nunca podría haber cubierto si lo comparamos con crear una empresa por cuenta propia: la capacidad de ganar tanto como quieras.

Cuando trabajas para otro siempre tienes un límite, un tope, por mucho que hagas más no vas a ganar más necesariamente. En nuestro sistema laboral actual, instaurado desde la Revolución industrial, la moneda de cambio es el tiempo. Vendemos tiempo por dinero, y eso es finito. Ya hemos dicho que lo único que tenemos todos por igual es el tiempo. Los días tienen veinticuatro horas, por lo que vender tiempo por dinero es una gran barrera para alcanzar lo que la mayoría de las personas de éxito tienen más que cubierto: ganar mucho dinero.

De hecho, este es uno de los primeros consejos que te doy si decides emprender un negocio: rompe la regla «horita/facturita». Es un error que cometen muchas personas cuando dejan de trabajar para terceros. Se montan su propia empresa pero no cambian a una mente empresarial y siguen vendiendo sus horas, como si tuvieran que justificar una nómina. Es decir, pasan de trabajar para «un jefe» a trabajar para «varios jefes». ¿El resultado? Mucho estrés y pocos beneficios.

Lo primero que tienes que hacer es dejar de vender tu tiempo y empezar a vender valor. Si vendes valor puedes crear un modelo de negocio escalable. Multiplicas tus beneficios sin necesidad de invertir más horas. Cuando rompes la regla «horita/facturita», te centras en los objetivos y dejas de estar encerrado en el círculo vicioso de «ocho horas al día de lunes a viernes», y además consigues algo más importante que el dinero: la libertad.

Para tener éxito debes disponer de dos cosas esenciales: tiempo y dinero.

Si eres de los valientes que se animan a emprender, voy a darte diez claves para no morir en el intento:

1. Ten claro a qué quieres dedicarte

Esto ya lo hemos trabajado cuando has rellenado tu ikigai en el capítulo anterior. Debes tener claro cuál es tu propósito para sacarle rendimiento económico a la vez que haces lo que te apasiona.

2. No vendas a todo el mundo

Los productos generalistas ya no funcionan. Cuanto más acotado tengas el tipo de público al que te diriges, más fácil te será llegar a él y posicionarte. Es mejor vender mucho a poca gente que vender poco a mucha gente.

Así que dibuja en tu cabeza a tu cliente ideal, que esté dentro de tu nicho de mercado, y luego crea un avatar para él. Ponle nombre y empieza a darle forma: qué edad tiene, en qué área geográfica vive, qué le interesa, etc. Cuantos más detalles sepas, mejor. Luego piensa cuáles son sus principales problemas, sus pesadillas, qué es lo que necesita; y por otro lado, cuáles son sus sueños o la situación ideal que quiere alcanzar. Así crearás tu propuesta de valor, que sería algo así:

> Ayudo a [Nicho] ....……...................
> a [Resolver pesadilla o alcanzar sueño] ....
> con [Tu producto] ....…......….......

Cuando tienes a tu cliente ideal bien dibujado y te enfocas en darle valor, es decir, cuando tienes clara tu propuesta de valor, es más fácil que se sienta reconocido en tus ofertas y quiera comprarte que si «hablas» para todo el mundo, porque al abarcar tanto es probable que no le llegue nadie.

3. Estructura tu oferta

Ya tienes tu propuesta de valor. Ahora debes configurar tu oferta.

Al presentar tu producto o servicio no hables de características, sino de beneficios y resultados. Piensa que estás vendiendo una transformación, ¿qué es lo que va a conseguir tu cliente después de comprarte?

Recuerda que la gente no paga por un producto, paga por el beneficio que obtiene con él. Y cuanto mayor sea el problema que soluciones en el mercado, es decir, cuanto más valor aportes, más alto podrás poner el precio.

Es importante que el precio siempre vaya al final, después de que hayan visto el valor. Si te ofrezco dos coches, uno que cuesta veinte mil y otro que cuesta veinticinco mil, seguramente escogerás el de veinte mil porque es el más barato. Pero si empiezo explicándote que la segunda opción incluye las prestaciones de un coche valorado en cuarenta mil, y luego, cuando ya te he convencido de lo maravilloso que es, te digo el precio, entonces lo elegirás porque la oferta es mejor. Siempre vendemos primero el producto y sus beneficios, y al final, cuando el cliente está convencido, viene el precio.

4. Busca un buen nombre

Si ya has cumplido con los tres pasos anteriores estás casi listo para salir al mercado, pero te hace falta un nombre. ¿Cómo se llama tu empresa? Puedes optar por una marca personal, como «juditcatala.com», o por un nombre más comercial, como «Agencia XL». Incluso, como ves, no son incompatibles y yo tengo los dos dominios, pero eso lo veremos más adelante, cuando trabajemos la marca personal.

Mi recomendación es que busques un nombre en el que se pueda intuir tu propuesta de valor, o al menos que describa en qué consiste tu empresa. Por ejemplo, en «Agencia XL» ya se ve que es una agencia.

5. Realiza un plan de negocio

Te aconsejo que no le dediques demasiado tiempo a esto. Hay gente que tarda meses y meses en crear un plan de negocio, y en la mayoría de los casos están perdiendo el tiempo.

Te cuento un secreto: casi nada de lo que pongas ahí se va a cumplir. Una cosa es la teoría y otra la práctica, y lo normal es que no coincidan. Si consigues una cuarta parte de los beneficios que estimaste en tu *business plan*, ya puedes darte por satisfecho. Y en los gastos, seguro que salen el doble de lo que pusiste inicialmente.

Así que, salvo que estés buscando financiación, que ahí sí te van a pedir un montón de requisitos con todo superdesglosado, un plan de negocios es más una guía que otra cosa. Debes hacerlo, pero tampoco hace falta que sea un *business plan* tamaño libro, quizá con unas pocas hojas tengas más que suficiente.

6. Consigue financiación

Aquí viene el primer gran escollo: necesitas dinero. Si has hecho bien el plan de negocio ya sabes cuánto y en qué plazo, pero muchas veces ese «necesito dinero» es un pensamiento limitante, porque te paraliza.

Siempre pensamos que no podemos emprender porque necesitamos demasiadas cosas. ¿Qué tal si te enfocas en conseguir un primer cliente? Ahora hay modelos de negocio muy rentables con los que puedes facturar sin moverte de casa, y con una inversión mínima puedes empezar a generar dinero desde ya. En vez de montar una tienda en un local, con el coste que esto supone, haz *dropshipping*, una tienda online en la que ni siquiera necesitas stock. Y en lugar de tener una oficina, plantéate el teletrabajo, hoy la gente ya está más que acostumbrada.

Cada vez que tengo un proyecto y veo que me falta dinero para invertir en él, pienso: «¿Qué puedo hacer hoy para empezar a pequeña escala e ir creciendo a medida que avanzo y tengo más liquidez?».

Pero si realmente necesitas financiación, entonces sí, trabaja duro en tu plan de negocio. Y te doy un consejo: antes de nada infórmate sobre todo tipo de ayudas oficiales y subvenciones. Las condiciones suelen ser mucho mejores que las que te dará cualquier banco.

7. Cumple con la ley

Permisos, impuestos, licencias… Como empresario tendrás que encargarte de toda la burocracia y, además, la ley dice que es tu responsabilidad estar al día. Ya sabes: la ignorancia de la ley no exime de su cumplimiento.

Conocer todas las leyes es muy complicado, así que en este

caso te recomiendo contar con un buen asesor que te informe de tus obligaciones y te quite el papeleo de encima.

8. Crea un producto mínimo viable

Esto tiene mucho que ver con Lean Startup, el modelo que siempre utilizo cuando lanzo un nuevo proyecto. La idea es que no tiene sentido invertir tiempo, esfuerzo y dinero en algo que no sabes si va a funcionar.

Lo mejor que puedes hacer es crear un producto mínimo viable, una especie de prototipo que puedas lanzar al mercado para comprobar si tiene salida.

Si crees que con una encuesta es suficiente, no te fíes, ya hemos dicho que la gente miente porque nos encanta complacer al que tenemos delante, por lo que si quieres saber si tu idea de negocio tendrá éxito pruébalo en real.

Hay un caso muy sonado de la instagramer Arii: sus más de dos millones de seguidores le daban muy buen *feedback* con la línea de camisetas que iba a lanzar al mercado, y cuando la sacó no vendió más que treinta y seis. Sus seguidores mentían; a la hora de la verdad, casi ninguno compró.

9. Crea un plan de marketing

Una vez que lo tienes todo más o menos pensado, toca lanzarse al mercado.

¿Cómo te vas a dar a conocer? El marketing online ha multiplicado las posibilidades de llegar a tu público objetivo. Darse a conocer es mucho más accesible desde que existe internet, porque antes tenías que invertir muchísimo dinero, por ejemplo en un anuncio de televisión, prensa o radio, algo que no estaba al alcance de todo el mundo. Hoy puedes empezar con el presupuesto que quieras. También te permite medir tus resultados desde el primer día, por lo que sabrás qué campañas van mejor y podrás escalarlas para llegar a más clientes.

Un buen plan de marketing requiere que sepas cuál es tu público objetivo para comunicarles tu propuesta de valor. Te recomiendo que aprendas a crear embudos de venta, ya que hoy en día hacer un marketing eficaz pasa por tener un buen gancho gratuito, y a partir de ahí madurar a tu público para que te conozca, así como los beneficios de tu producto o servicio, y solo después, cuando ya estén preparados, les mostrarás tu oferta.

10. Fórmate

Ya hemos hablado de la importancia de la formación. La mejora continua es esencial, pero cuando se trata de emprender todavía más. Las tendencias cambian increíblemente rápido. Lo que pones hoy en tu plan de marketing es posible que no sirva dentro de un año. Nacen nuevas redes sociales, nuevas técnicas y debes estar al día.

Ejercicio

Hoy voy a pedirte que anotes cinco ideas de negocio que ya tengas y las presentes con su propuesta de valor, que podrás formular con la siguiente frase:

Ayudo a [Nicho] ....
a [Resolver pesadilla o alcanzar sueño] ....
con [Tu producto] ....

1.
2.
3.
4.
5.

Día 25

Sé creativo

Hay una característica que tienen todas las personas de éxito: son creativas, tienen grandes ideas que luego saben llevar a la práctica a la perfección.

Si eres un empresario, las ideas nuevas harán crecer tu negocio, y si eres un empleado, los mejores puestos siempre están reservados para aquellos que no solo ejecutan sino que también crean, innovan, generan ideas que hacen que la empresa avance.

La implementación es mil veces más importante que la idea, pero sin esa idea inicial no puede haber implementación, por eso en este capítulo vamos a aprender a generar nuevas ideas.

La creatividad no aparece por arte de magia, salvo en contadas ocasiones, de modo que debemos preparar la mente para ver oportunidades e ideas donde antes no las encontrábamos.

La regla principal de la creatividad es: las ideas creativas normalmente vienen de cosas que están fuera de lo ordinario, fuera de nuestro día a día.

Un concepto que debes conocer antes de adentrarnos en las estrategias es que la creatividad surge de lo que llamamos «combinaciones remotas». Son ideas aparentemente alejadas y sin relación alguna que, una vez juntas, forman una idea excelente. Esta es la esencia del pensamiento creativo, y conocer este patrón te va a permitir ver oportunidades en cosas donde antes no veías nada interesante.

Fíjate en los anuncios más famosos de la televisión, los creativos publicitarios cogen una idea que no tiene nada que ver con el producto que quieren vender, y al mezclarla con el producto obtienen una pieza maestra.

Piensa también en los grandes descubrimientos de la historia, siempre se producen cuando juntamos dos disciplinas. Por ejemplo, los astrónomos no podrían explicar el Big Bang sin los físicos. Cuando sales de tu área de conocimiento es cuando surgen las ideas.

Otro ejemplo: Steve Jobs decidió incluir lo que había aprendido en sus clases de diseño de tipografías a sus nuevos ordenadores. Mientras otros estaban más preocupados por la potencia del ordenador o cosas más lógicas para un ingeniero, Jobs añadió el diseño como elemento diferenciador y eso marcó un antes y un después en la industria.

Si quieres llegar a esas geniales ideas de éxito, aquí tienes cinco estrategias para toparte con la creatividad en tu día a día.

Estrategia 1. Sacude tu rutina

Para expandir tu creatividad también debes expandir tus horizontes. Si tienes rutinas muy marcadas, por ejemplo, haces lo mismo de lunes a viernes y el fin de semana igual, tu mente está siempre dentro de un marco mental donde no pueden surgir cosas nuevas.

¿Cuál es la solución? Cambiar algunos hábitos para encontrar nuevas ideas que se mezclen con las que ya tenemos y que surja la creatividad.

Cosas que puedes hacer:

- Prueba comer cosas diferentes, cambia tu dieta.
- Viaja y visita lugares en los que nunca hayas estado.
- Si te gusta el arte, intenta cambiar el tipo de arte que consumes para tener otros horizontes.
- En tus lecturas, indaga en otros géneros literarios.

En resumen, ¡busca variedad! ¡Cambia de rutinas y de hábitos! Tienes más posibilidades de que te venga a la mente una idea creativa en sitios inusuales y haciendo cosas que no habías hecho antes. ¿Nunca has escuchado a alguien decir: «Estaba de viaje y de repente me vino esa idea a la cabeza»? Quizá incluso te haya pasado a ti.

Estrategia 2. Tus círculos

Es habitual que con la edad acabes teniendo más relación con personas con las que compartes intereses, profesión, etc., y eso está muy bien pero puede matar tu creatividad. Si siempre te juntas con gente que piensa igual que tú, es difícil que aprendas nada nuevo de esas personas.

Por eso te recomiendo que busques gente inteligente que pertenezca a otros ámbitos y que entables conversaciones. Por ejemplo, si vas a una fiesta y sabes que la mujer de un conocido que estará allí es ingeniera, acércate y pregúntale por su profesión: ¿qué hace?, ¿cómo son los procesos que utilizan para fabricar maquinaria? Quién sabe, quizá puedas imitar esos procesos en tu puesto de trabajo y generar una nueva metodología más eficiente, y de paso conseguir ese ascenso que tanto anhelas; o si tienes una empresa, que esto te ayude a escalarla.

Hablar con personas que tienen un *background* distinto al nuestro nos abre más posibilidades para generar nuevas ideas.

Estrategia 3. Escapar de las reglas rígidas

Ya hemos comentado que cuando somos niños es habitual dejar volar la imaginación; con un muñeco y una nave de cartón puedes llegar a la Luna y quedarte allí treinta minutos explorando ese mundo imaginario.

Cuando nos hacemos mayores, como regla general tendemos a pensar que concentrarnos en una tarea es lo correcto y que dejarnos llevar por nuestros pensamientos es una pérdida de tiempo… ¡Y nada más lejos de la realidad!

En mi caso, sobre todo los sábados por la mañana, cuando me levanto me tomo un té, luego me tumbo en la cama y me quedo mirando la pared durante media hora; no es que esté mirando la pared, sino que me abstraigo en mis pensamientos internos, dejo volar la imaginación y de ahí extraigo muchísimas ideas de nuevos proyectos. Quizá el 99 por ciento de esas ideas no sirvan para nada, pero con solo encontrar ese uno por ciento habrá valido la pena.

Tenemos que esforzarnos por conseguir esos momentos de pensamiento libre, apartar las pantallas de delante de nuestras narices y mirar hacia dentro. Sé que con las nuevas tecnologías cada día es más complicado, pero debemos hacer un esfuerzo.

Cuando hablamos de escapar de las reglas rígidas y dejar volar la imaginación también me refiero a escapar del qué dirán, porque eso sí que es un ladrón de creatividad. Si te importa demasiado que te juzguen, nunca tendrás buenas ideas porque las que te vengan a la cabeza serán totalmente conservadoras para que sean aceptadas por los demás. Para ser creativo hay que ser disruptivo y romper con lo establecido.

Estrategia 4. Observar el mundo que te rodea
Tenemos tanto que hacer en nuestro día a día que vamos como los burros, mirando solo hacia delante. Únicamente nos fijamos en aquello que es de nuestro interés y que nos va a servir para algo concreto, pero no observamos el resto de cosas donde podríamos encontrar la creatividad. Por eso te recomiendo que abras bien los ojos a todo lo que te rodea. Si vives en una ciudad, ¿cuánto hace que no miras al cielo? Pues igual que no miras al cielo, también estás dejando de mirar otras cosas que podrían ayudarte a despertar la creatividad.

Estrategia 5. No hagas nada
Si necesitas encontrar una idea, pensarás que lo más acertado es

usar todos tus recursos para buscarla, pero, aunque te parezca un contrasentido, eso te va a servir de poco. Es como cuando tienes insomnio y no paras de repetirte: «Tienes que dormir»; lo más seguro es que no te duermas.

Recuerdo que en mi primera empresa había un programador que cuando intentaba buscar la solución a algún problema se tiraba horas y horas. Un día le dije que se fuese para casa, que lo dejase. Al día siguiente, nada más llegar a la oficina encontró la idea en pocos minutos. ¿Casualidad? No. Necesitas que tu mente se relaje, necesitamos no hacer nada. Es como entrenar con agujetas, ¿no entrenarás mucho mejor si tus músculos están descansados? Pues generando ideas es igual. ¡Relaja!

La creatividad puede venir en cualquier momento, así que lleva siempre algo para apuntar esas ideas. Yo utilizo la aplicación de notas de mi móvil. Es online, ya que una vez perdí el móvil y lo que más me dolió fue quedarme sin el bloc de notas con todas mis ideas. Voy apuntando cosas que veo por la calle, cuando viajo, etc., suele ser en esos momentos en los que no estoy en la oficina.

Ejercicio

Si eres impaciente y no quieres esperar a que la musa llegue cuando menos te lo esperes, puedes forzar el proceso de combinaciones remotas, así que hoy vamos a practicarlo.

Voy a poner un ejemplo: yo necesito redactar guiones para los vídeos de YouTube que cuelgo cada semana; si no me viene ninguna idea,

SÉ CREATIVO | 219

lo que hago es leer una revista, cuanto más diferente sea de mi sector mejor. En mi caso, como me dedico al marketing y los negocios, suelo coger alguna de divulgación científica.

Hoy buscaremos ideas. Elige una revista e intenta encontrar tres ideas que puedes implementar en tu trabajo o tu negocio, aunque parezcan una locura porque pertenecen a otros ámbitos.

1.
2.
3.

Día 26

Desarrolla tu marca personal

Quiero mostrarte el camino más rápido para el éxito profesional: la marca personal. No es algo imprescindible, pero te aseguro que va a ayudarte a crecer mucho más rápido, sobre todo si lo que deseas es alcanzar puestos directivos o emprender y llevar tu negocio a otro nivel.

Muchos de mis amigos empresarios tienen una marca personal fuerte y, por supuesto, también las personas de éxito que he ido conociendo a lo largo de los años. Además, muchos de los puestos directivos de grandes compañías trabajan su presencia en las redes, dan ponencias en congresos y tienen su marca. A veces incluso la prensa habla de ellos cuando cambian de compañía.

Lo quieras o no, tú ya tienes una marca personal. ¿Te has buscado alguna vez en Google? ¿Qué aparece? ¿Qué opinan tus compañeros de trabajo de ti?

La marca personal es aquello que perciben los demás sobre nosotros. Si queremos que esa imagen sea positiva podemos darle un empujón en nuestras redes sociales.

Tener una marca personal trabajada puede convertirte en un referente en tu sector. En un mundo tan saturado de buenos currículums, tu mejor carta de presentación es la autoridad que muestres en las redes sociales. Gracias a ello será fácil que te cotices bien, que cualquier empresa quiera contratarte, o si tienes una empresa, que aumenten tus compradores. La marca personal es una herramienta que se utiliza poco y en cambio tiene un poder enorme para atraer tu éxito profesional.

¿Por qué funcionan tan bien las marcas personales? En general nos gusta interactuar más con personas que con marcas. Piénsalo: ¿cuántas cuentas de empresas sigues en las redes sociales?, ¿y cuántas personales? Creo que tu respuesta habla por sí sola de la conveniencia de tener una marca personal. Pero si todavía no te ha quedado claro por qué esto de la marca personal es importante para ti, deja que te explique un par de cosas al respecto.

La marca personal es un activo que no muere

Si cuidas tu reputación es algo que queda ahí, no muere. Es un efecto bola de nieve que crece y crece a medida que pasa el tiempo.

Los seguidores no dejan de ser una especie de base de datos que puedes usar para comunicar tus productos o tus servicios, o cualquier otro proyecto en el futuro si tienes una empresa. Y si trabajas por cuenta ajena, en esa base de datos habrá muchas oportunidades profesionales que pueden llevarte al éxito. Sobre todo si usas plataformas, como por ejemplo LinkedIn.

Empieza cuanto antes

Cuando les pregunto a mis mentores: ¿«De qué te arrepientes?», o «Con tu conocimiento actual, ¿qué hubieses empezado a hacer antes?», todos, pero todos, se arrepienten de lo mismo: de no haber empezado a trabajar antes su marca personal.

También yo me arrepiento. Publiqué mi primer vídeo en YouTube en 2012, pero luego, como ya te he contado, tuve que parar cuando me separé de mi exsocio y creé la nueva empresa, no estaba bien económicamente y prioricé la búsqueda de clientes.

Hoy, visto con perspectiva, me arrepiento de no haber dedicado ni un ratito a esos vídeos los fines de semana, porque entonces era infinitamente más fácil que ahora crecer orgánicamente. En 2017 retomé la creación de contenido, pero Instagram ya se había popularizado; Facebook era demasiado complicado, lo que publicabas casi no llegaba a los seguidores y ya no se podía viralizar el contenido; YouTube también tenía más competencia, etc. Si hubiese publicado vídeos semanales desde 2012 como hice a partir de 2017, a día de hoy habría crecido infinitamente más, pero nunca es tarde para empezar. En 2017 todo el mundo intentó disuadirme de crear contenido porque «ya había demasiado»; si les hubiese hecho caso, no me habría convertido en una autoridad en mi sector.

Dedica tiempo a tu marca personal en tu lista de tareas o te arrepentirás a la larga.

Probablemente te vengan muchos pensamientos limitantes que quiero que elimines de inmediato: «Que si no me conoce nadie», «Que si hay saturación de contenidos»... Como siempre, la única forma de solucionarlo es arrancar y dar el primer paso. Recuerda que todos hemos tenido un primer seguidor al principio.

Si ya te he convencido y quieres desarrollar tu marca personal, a continuación te indico los pasos que debes seguir:

1. Escoge tu tema
Define cuál es tu *expertise*. Recupera lo que ya has trabajado en el capítulo 23, cuando encontraste tu propósito.

Es importante saber cuál es «tu tema», porque esto hará que atraigas oportunidades profesionales relacionadas con el mismo. Si trabajas en un sector concreto no te alejes de ahí, ese es tu foco, nadie va a seguirte si cada día hablas de un tema diferente al anterior.

En mi caso, si vas a mi canal de YouTube verás que hay vídeos sobre redes sociales, marca personal, motivación, marketing…, pero todo tiene que ver con lo mismo: emprendimiento.

2. ¿A quién te diriges?
En este caso, para crear tu marca personal piensa en qué se lleva tu audiencia y pregúntate: «¿Cuál es el objetivo de que la gente me siga?, ¿qué van a sacar con ello?» y «¿Qué quiero conseguir yo?, ¿vender mis productos?, ¿el empleo de mis sueños?». Estas respuestas son las que no puedes perder de vista nunca. Intenta que todo lo que cuelgues en la red esté enmarcado en conte-

nidos que cumplan tu objetivo y estén dirigidos a un público concreto.

3. Escoge las plataformas en las que vas a estar

Te recomiendo que sean plataformas online, por ejemplo las redes sociales, porque son más sencillas, baratas y rápidas. Si quieres grabar un vídeo lo puedes hacer prácticamente sin presupuesto, en casa con tu móvil. De hecho, la audiencia de las redes sociales aprecia la naturalidad, así que lo pone más fácil aún.

También puedes tener presencia offline, por ejemplo dando charlas, escribiendo un libro, etc., pero te dará más trabajo y llegarás a menos gente. En cambio, lo que compartes en internet es un activo que cuelgas una vez y puede llegar a miles o millones de personas. Si tuvieses que hacer esto presencialmente necesitarías unas cuantas vidas más.

Hay muchas redes sociales y diferentes opciones, así que no te estreses. Mi recomendación es que recicles contenidos, que puedas subir lo mismo en diferentes redes sociales adaptando el formato. Insisto en que si trabajas por cuenta ajena, LinkedIn debe estar entre tu selección de redes.

4. Da contenido de valor gratis

La marca personal se crea dando, no esperando recibir. Cuando empecé en serio con mi marca personal en 2017, no tenía ningún curso para vender, solo mi agencia. Y sí, tenía claro que esto me haría ganar autoridad ante los clientes, que me iba a venir bien, pero no era mi objetivo final. Mi objetivo era ayudar a los demás, igual que cuando empecé en 2012. Luego vi la oportunidad y monté «Asciende a Otro Nivel», nuestro curso estrella, para seguir ayudando de un modo más intenso y dar un seguimiento, algo que no podía hacer solo con contenidos gratuitos, pero mi intención inicial nunca fue esa. En el arranque di, di y di, sin esperar nada a cambio.

A eso lo llamamos en la agencia el «efecto *boomerang* en internet». Cuando lanzas un bumerán siempre vuelve, y en este caso es lo mismo: cuando lanzas contenido de valor, y lo haces gratis, vuelve a ti en forma de clientes. La gente empieza a pedirte ayuda porque ve que eres experto en lo que estás contando en redes, empiezan a verte como una autoridad.

Piensa que en esta ecuación ganan todos; tú tienes su atención pero los clientes se llevan contenidos de valor. Nadie quiere seguir en redes a alguien que se está vendiendo constantemente; si ellos no ganan nada no te van a seguir.

Dar ese valor dispara el gatillo mental de la reciprocidad. Si tú ayudas a una persona, esta se siente en deuda contigo, y muchas querrán devolverte el favor. No sabes la cantidad de gente que me ha escrito para decirme que me habían comprado un curso porque sentían que era lo mínimo que podían hacer después de años consumiendo contenido mío gratuito.

5. Crea un calendario editorial

No creas que cuando me levanto por la mañana pienso en lo que voy a publicar ese día en las redes sociales, eso no sería nada productivo. Alguna vez sí que pueden salir publicaciones espontáneas, pero la mayoría ya están organizadas en el calendario editorial que hacemos una vez al mes. Es una hoja de Excel donde detallamos todo lo que vamos a publicar. Si te interesa puedes descargar de forma gratuita la plantilla que utilizamos aquí: <https://juditcatala.com/plan-de-contenidos-para-redes-sociales/>. Ya hemos comentado lo importante que es la gestión del tiempo, y lo mejor es agrupar tareas y reservar un día a organizar la semana o incluso el mes. Todo el mundo piensa que con la cantidad de contenido que cuelgo le dedico muchísimo tiempo, pero lo hago todo en un rodaje de un día. ¡Le dedico solo un día al mes! Y mi equipo lo programa todo en una sola mañana a la semana. Como ves, ¡no es tanto!

6. Sé persistente

Es preferible colgar menos publicaciones pero que sea un hábito prolongado en el tiempo, a empezar muy fuerte, publicar sin parar y luego tener periodos donde no publicas nada. Eso suele pasar al principio, empezamos muy motivados porque nos creamos la falsa expectativa de que tendremos muchos seguidores en poco. Ya hemos hablado del efecto bola de nieve, empezarás con un copito y a medida que vaya rodando se irá haciendo más y más grande, así que no te desanimes si los primeros meses la cosa va lenta, luego se acelerará.

Te cuento mi caso: tardé tres años en tener mis primeros cien mil suscriptores en YouTube, y solo un año en llegar a los doscientos mil. Con el tiempo, como te decía, la cosa se acelera.

Los anteriores eran los puntos básicos que tienes que tener en cuenta a la hora de poner en marcha tu marca personal. Esta va a ayudarte a atraer oportunidades profesionales, como por ejemplo un ascenso o un cambio de trabajo, o escalar tu negocio. Pero si quieres monetizar tu marca personal aquí te dejo algunas pautas más:

1. Genera autoridad

La gente te escribirá para pedirte ayuda, y muchos terminarán convirtiéndose en clientes de tu empresa. Si trabajas por cuenta ajena te lloverán las ofertas de trabajo.

2. Conviértete en *speaker* o ponente

Si eres un buen comunicador, seguramente empezarán a llegarte invitaciones para que participes como ponente en eventos de tu sector.

3. Vende una comunidad

Cuando tengas un número interesante de seguidores activos, puedes crear una comunidad privada, con soporte, con determinadas actividades o contenidos exclusivos. Si quien te sigue es un fan querrá tener un contacto más cercano y esto se consigue con una comunidad cerrada de pago.

4. Vende infoproductos

El contenido gratuito está desordenado y no sigue una metodología para conseguir un resultado concreto. Si quieres seguir ayudando a tu audiencia puedes organizarlo como un curso y venderlo. Es lo que he hecho yo con varios infoproductos, me parece la opción más interesante porque es cien por cien escalable. Por ejemplo, mi curso «Asciende a Otro Nivel» tiene más de dos mil alumnos, pero yo solo lo he preparado una vez y ese es el tiempo que le he dedicado.

5. Vende productos relacionados con tu *expertise*

Por ejemplo, si tienes un canal de nutrición, puedes vender suplementos alimenticios o cualquier cosa que esté relacionada con tu tema.

6. Recomienda productos o servicios de otros

Esto se llama «afiliación», y consiste en vender los productos de otros y llevarse una comisión de cada venta. Aunque también puedes cobrar una tarifa fija por publicación al recomendar un producto, como hacen muchos *influencers*.

Por último, voy a darte un superconsejo por si empiezas tu marca personal desde cero y quieres conseguir un poco más rápido tus primeros seguidores: organiza un congreso virtual.

Se trata de invitar a expertos de tu sector para que den charlas online, de este modo tu cara sale al lado de alguien conocido y automáticamente la gente piensa que tú también eres una autoridad; esto se llama «posicionamiento por asociación». Un congreso virtual puede darte ese empujón, que la gente se interese por ti, por saber quién eres. Y te va a hacer ganar esos primeros seguidores en las redes sociales.

Ejercicio

Compra el dominio con tu nombre (el mío es <www.juditcatala.com>) y reserva ya los perfiles en redes sociales con tu nombre para que cuando empieces a trabajar tu marca personal nadie pueda cogerlos.

Día 27

Hackea tu mentalidad frente al dinero

Estoy segura de que alguna vez has sentido «envidia» de una persona que ha conseguido hacer dinero. Y estoy casi segura también de que al pensar en ella te han venido pensamientos de este tipo: «Es que está más preparado», «Claro, tenía un patrimonio y así es más fácil», «Haga lo que haga, eso nunca va a estar a mi alcance», o peor todavía: «Algo malo habrá hecho para tener ese dinero», «Debe ser muy mala persona», etc. Entonces está claro: tienes mentalidad de pobre. Y puntualizo, tener mentalidad de pobre y ser pobre no es lo mismo. Una mente pobre es la de alguien a quien le toca la lotería y en pocos años está en la ruina, porque en lugar de hacer crecer su patrimonio lo ha perdido. Eso sucede por culpa de la mentalidad frente al dinero.

Si te has sentido reconocido en alguna de esas frases, que ya habrás identificado como pensamientos limitantes, pregúntate: ¿cómo vas a ganar dinero si ni siquiera piensas que es posible o lo asocias a algo negativo? El primer paso para conseguir dinero es creer que puedes conseguirlo, que puedes estar en ese grupo de personas que manejan cifras con varios ceros en sus finanzas personales.

Quiero que me contestes con sinceridad: ¿por qué a día de hoy no estás ganando más dinero? Seguro que de nuevo te vienen mil pensamientos limitantes, excusas para no hacerte responsable de tu situación financiera actual.

Muchos de estos pensamientos limitantes vienen porque el dinero tiene una serie de cargas psicológicas que hemos heredado, aunque no seamos conscientes de ello. Son pensamientos asociados al dinero que condicionan, y mucho, nuestra relación con él. Y precisamente quienes han conseguido ganar por encima de la media suelen ser personas que, primero, han reconocido en sí mismos esos pensamientos y, segundo, han sabido deshacerse de ellos. ¿Y si tú también pudieras deshacerte de ellos?

Vamos a hacer un repaso de las creencias limitantes que impiden que ganes dinero para que puedas identificarlas y eliminarlas.

1. El dinero no importa y no da la felicidad

Este pensamiento parece que nos hace mejor personas. No nos importa lo material, tenemos valores más profundos que eso. Lo que importa es «ser feliz»...

Lo primero es admitir que sí es importante. El dinero cubre tus necesidades básicas y eso te da tranquilidad. Para cumplir las dos necesidades más básicas en la pirámide de Maslow, que son la alimentación y la seguridad, es decir, tener comida y un techo para vivir, se necesita dinero.

Estoy segura de que tener más dinero no va a hacerte necesariamente más feliz, pero la falta de este sí que puede hacerte infeliz, que sufras ansiedad e incluso depresión. De hecho, una de las mayores causas de suicidio es la falta de recursos económicos. En definitiva, que verte en una situación económica precaria no te hace precisamente feliz.

Recuerdo que cuando mi cuenta estaba siempre en números rojos no era ni por asomo más feliz que ahora, que aunque no tengo un jet privado, ni lo quiero, al menos tengo una estabilidad económica que me ayuda a llevar el tipo de vida que siempre he soñado.

Siempre intentamos engañarnos con este pensamiento limitante para consolarnos: no tenemos dinero, pero «al menos somos felices». Cuando fui a Kenia a conocer la escuela de María y Sandra, me comentaron que cuando volvían a España estaban hartas de escuchar: «En África no tienen dinero pero son más felices porque siempre se están riendo».

Ellas saben mejor que nadie que reírse no es lo mismo que ser feliz. ¿Puede ser feliz una madre que desapareció dejando a sus hijos a cargo de su hermana y a otro en un orfanato porque no tenía comida que darles? ¿Puede ser feliz esa madre con sida y desnutrición severa? ¿Puede ser feliz cuando se ha visto obligada a..., me cuesta hasta escribir la palabra, para poder comer? No, señores, esa mujer no era feliz aunque tuviese una sonrisa increíble en una foto.

Tú y yo, y todos, sabemos que el dinero sí importa. Y decir

lo contrario es un pensamiento que impide que puedas llegar a conseguir tu éxito.

2. El dinero es para gastarlo

En nuestra cultura, ser una persona ahorradora es sinónimo de tacaña. Nos gusta más la filosofía del «a vivir que son dos días», así que los hábitos financieros van en esa dirección.

Si lo tengo, lo gasto. Y si no lo tengo, también lo gasto, aunque sea a crédito. Consejo: nunca pidas dinero al banco para un capricho; en todo caso, que sea para una inversión, pero eso ya lo veremos en el próximo capítulo. También hablaremos sobre el hábito de ahorrar/invertir, que es fundamental si quieres incrementar tu patrimonio. Así que elimina ese pensamiento para que tu dinero empiece a trabajar por ti, y para eso tienes que dejar de gastar en cosas que no necesitas.

3. El dinero es malo

Siempre se ha asociado el dinero a algo «maligno». Lo que toca, se pudre y se corrompe. El dinero rompe familias, destruye amistades, te vuelve una mala persona, etc. Suele relacionarse con la codicia, la envidia y otros pecados. El dinero es «el mal».

Esto obviamente no es cierto. El dinero en sí no es ni bueno ni malo. Todo depende de lo que tú hagas con él. El dinero potencia lo que ya eres: si eres mala persona, evidentemente el dinero te reafirma en tu maldad; pero si eres buena persona también lo va a potenciar, harás cosas increíbles con él para ayudar a los demás. De hecho, yo nunca podría haber donado lo que cuesta construir una clase en una escuela en Kenia y pude hacerlo para Idea Libre, la ONG de María y Sandra, a la que van destinados los beneficios de este libro. Con ese dinero estoy segura de que también va a cambiar la vida de mucha gente que no tiene nada.

4. Sospecha de quien tiene dinero

Cuando vemos a un rico, instintivamente pensamos que algo habrá hecho, porque no se puede ser rico y honrado a la vez. Seguro que has oído esto en más de una ocasión, si es que no has llegado a decirlo incluso tú mismo.

Parece que ganar mucho dinero lleva implícito ser un poco mafioso, saltarse alguna ley o haber hecho algo deshonesto para conseguirlo. Esa idea preconcebida hace que, cuando vemos un caso de éxito, muchas veces la primera reacción sea pensar mal. No sabes cuántos comentarios tengo que soportar en las redes sociales de personas que insinúan que he conseguido el dinero para montar mi empresa realizando cosas poco lícitas. Realmente estas personas no creen que se pueda conseguir dinero siendo honrado y con ética personal, por eso sueltan esos comentarios sin fundamento.

Reflexiona: este pensamiento es irracional. Hay de todo en todas partes. Hay ricos honrados y pobres corruptos. No tiene que ver con lo que hay en el banco, sino con los valores de las personas. Y créeme, si son valores firmes no desaparecen por mucho que crezca la cuenta bancaria.

5. Cuesta mucho ganar dinero

Vivimos en la cultura del esfuerzo, pensamos siempre en el «ganarás el pan con el sudor de tu frente» y que para ganar más hay que trabajar duro. Esta mentalidad viene heredada de tus padres y tus abuelos. Ellos quizá sí hayan vivido épocas donde esto era un poquito más cierto. Pero hoy tienes infinidad de herramientas a tu disposición, y que las utilices o no depende de tu inquietud, tu curiosidad y tus intereses.

6. Si yo gano, otro pierde

La mayoría piensa que si gana más dinero, es dinero de menos que tiene otra persona en este mundo. Este pensamiento limitante es falso, el dinero no es algo estático, no hay una cantidad fija en el mundo. Siempre se puede crear más, así que olvídate de esa creencia.

Aunque estas son las principales, seguro que encuentras muchas otras creencias que te limitan a la hora de conseguir tu éxito, así que permanece siempre atento a lo que piensas e intenta eliminarlas y sustituirlas por pensamientos de abundancia.

Ejercicio

Anota cinco creencias limitantes sobre el dinero y añade afirmaciones con las que puedas sustituir esos pensamientos.

CREENCIA LIMITANTE SOBRE EL DINERO	AFIRMACIÓN DE ABUNDANCIA

Día 28

Gestiona bien tu dinero

Además de tener una buena mentalidad hacia el dinero, las personas de éxito también deben saber gestionarlo bien, así que en este capítulo te voy a dar algunos consejos sobre cómo hacerlo:

1. Los números son tus amigos
Esto te gustará más o menos, pero una cosa está clara: ingresos significa dinero, y dinero son números. Así que mentalízate de que te tienen que gustar. Tranquilo, yo también suspendía matemáticas, pero en un momento determinado tuve que aprender a manejar el dinero, y por lo tanto: los números.

Si quieres aumentar tus ingresos, tendrás que hacer balances periódicamente, programar metas económicas, revisar tus objetivos y hacer cálculos.

Nunca ganarás mucho dinero si tienes alergia a los números, porque el dinero no es algo subjetivo o una percepción personal: tengo mucho, tengo poco, he gastado bastante. Esto no funciona, has de saber exactamente cuánto tienes, en qué lo inviertes y cómo crece, ¡con números!

Aunque siempre aconsejo a los empresarios a los que ayudo que la contabilidad es una de las primeras cosas que conviene delegar, eso no significa desentenderse. Debes tener el control de tus finanzas, ¡siempre!

2. Primero ahorra, luego gasta

Grábate el orden de esta frase porque es inalterable.

La mayoría de las personas, cuando cobran el sueldo o reciben un dinero, gastan todo lo que necesitan y ahorran lo que les sobra. ¿Qué pasa entonces? Lo sabemos muy bien: a final de mes no hay ahorros. Solemos gastar en cosas que no necesitamos, muchas veces para aparentar, y esto, lejos de hacernos más ricos, nos hace más pobres. Se dice que los ricos de verdad suelen ser poco ostentosos.

Te pongo un ejemplo para que veas que gastamos más de lo que necesitamos: supongamos que te hace falta un coche. ¿De verdad necesitas ese modelo que te gusta tanto, con unos cuantos extras que no son imprescindibles pero «ya que estoy los añado», y además nuevo? Eso es gastar dinero en un producto que, cuando sale del concesionario, empieza a perder valor. No estás invirtiendo en nada. Seguro que un coche de segunda mano, y por tanto más barato, cubriría igual tu necesidad y ahorrarías una cantidad que puedes dedicar a algo más productivo.

Siendo honesta contigo, hace menos de un año que tengo coche, lo compré de segunda mano y porque iba a tener un bebé. Nunca gasto en lo que no necesito y eso no me convierte en «rata», vivo bien y me doy mis caprichos, pero siempre de forma inteligente financieramente. Con esto no quiero decir que no puedas darte un capricho de vez en cuando, pero debes hacer ese clic mental, empezar a transformar los gastos en inversiones, y esto supone un cambio de mentalidad importantísimo que a largo plazo te hará ganar mucho dinero. Para ello tienes que fijarte metas de ahorro y, a no ser que tengas una emergencia muy gorda, ese dinero al mes debe ir siempre a la cuenta de ahorro. Una vez hecho esto, con lo que te sobre puedes hacer lo que quieras.

He estado utilizando el verbo «ahorrar», aunque eso no es lo que haría un millonario; la gente que tiene dinero no ahorra, invierte, pero eso lo veremos más adelante.

3. No cuentes con una pensión

La ansiada jubilación, eso que todo el mundo espera pero que por desgracia, al menos en España, la gente de mi generación en adelante no vamos a oler.

No es ningún secreto que al invertirse la pirámide de población va a ser complicado, si no imposible, mantener el actual sistema de pensiones. Yo que tú empezaría a prepararme para lo peor. No cuentes con «papá Estado» porque todavía te faltan algunos años y todo puede cambiar. Planifica tu jubilación por tu cuenta. Además, si lo que quieres es tener mucho dinero, está claro que no lo vas a conseguir con la pensión de jubilación.

Por otra parte, vamos a ver cómo invertir nuestro dinero, así que lo que se lleva el Estado te aseguro que rendiría mucho más si aprendieras a invertirlo bien.

4. No acumules dinero en el banco

Todavía hay mucha gente que tiene todo su dinero en el banco porque le da pánico sacarlo y hacer algo con él. No se dan cuenta de que están perdiendo dinero, ya que la inflación se encarga de ir restándole valor, un poquito cada año. ¿Qué es la inflación? Te lo explico con un ejemplo: ¿recuerdas cuánto costaba un billete de autobús cuando eras adolescente? Seguramente la mitad de lo que cuesta ahora. Con el mismo dinero que tenías en el banco en esa época, ahora podrías hacer la mitad de cosas o incluso menos.

Te parecerá que no es gran cosa, pero un 1 por ciento acumulado durante diez años es una pérdida importante. Tener el dinero parado no es conservarlo, es perderlo poco a poco. Tu única opción es… el punto siguiente.

5. Invierte

«¿Invertir? Pero eso es como jugar a la ruleta, ¿no?». No, no es la ruleta. Ni tampoco es lo que hacía Leonardo DiCaprio en *El lobo de Wall Street*.

La inversión tiene muy mala fama porque seguro que conoces casos de gente que ha perdido dinero invirtiendo. He de decir que no todas las inversiones tienen el mismo riesgo, muchas son bastante seguras.

Aunque es cierto que ninguna está cien por cien exenta de riesgos, pero ¿hay algo que no suponga un riesgo en esta vida? El banco donde guardas tu dinero puede quebrar, puede llegar un corralito, puede pasar de todo, tengas donde tengas tu dinero.

El objetivo es que si no sabes mucho de inversiones las hagas con un riesgo controlado, el mínimo posible. Si inviertes mirando al largo plazo el riesgo se reduce. Pura lógica: si viene una caída, siempre tienes tiempo de recuperar tu dinero.

Para eso están los fondos de inversión de riesgo medio. No te harás millonario de la noche a la mañana con ellos, pero son accesibles para pequeños y medianos inversores. Lo que hacen es invertir en muchas empresas agrupadas en un mismo paquete en vez de invertir solo en una. Quizá lo hacen en las quinientas empresas más importantes de Estados Unidos, de este modo si una quiebra no se resentirá prácticamente el global de tu inversión.

O puedes contratar un roboadvisor, que es un gestor de fondos automatizado, que a su vez contiene varios fondos, y combina renta variable y fija para que haya menos riesgo. Tú solo vas poniendo dinero y el roboadvisor se encarga de moverlo por una pequeña comisión.

6. No vayas de experto (si no lo eres)

No te tires a la piscina sin saber nadar. Es tu dinero y tienes que saber dónde lo pones. Con esto quiero decir que ver un par de tutoriales no te capacita para empezar a hacer *trading* siguiendo las recomendaciones de «tu primo», que sabe de buena tinta que tal o cual empresa va a subir.

Mi consejo es que primero adquieras los conocimientos financieros básicos, eso te permitirá saber en qué terreno te mueves. Y luego, si quieres contemplar todo el abanico de posibilidades, te especialices y vayas poco a poco antes de meter todo tu dinero. Te aseguro que para aprender tendrás que perder algo de dinero al principio, y eso no es malo, simplemente es parte del proceso.

7. Confía en el interés compuesto

Hay muchas formas de invertir y aquí no vamos a abordarlas todas. Pero quiero que conozcas un concepto financiero básico que descubrí por una encuesta que hice en mi cuenta de Instagram y que solo la mitad de la población sabe que existe: el interés compuesto.

Hay un vídeo en mi canal de YouTube donde cuento cómo es posible ganar un millón con solo cinco dólares al día. Evidentemente suscitó muchísimas críticas porque casi nadie entendía cómo es posible, y lo es: con el interés compuesto.

Lo que hacía la gente era sumar cinco dólares cada día durante años, o como mucho le sumaban el interés sin tener en cuenta el interés compuesto.

Voy a explicarte el concepto: el interés simple se aplica siempre al capital original. Si inviertes 1.000 y te rinde un 5 por ciento anual, en un año tendrás 1.050, en dos años 1.100 y en tres 1.150. Año tras año, el interés simple se aplica a esos primeros 1.000 dólares.

¿Qué pasa con el interés compuesto? Pues que se aplica al capital acumulado. Es decir, el primer año ya no inviertes 1.000 sino 1.050; el segundo año ya estás invirtiendo más de 1.100, y así sucesivamente. A medida que pasa el tiempo, tu capital crece más y más.

¿Qué es lo que hay que hacer entonces para ganar mucho dinero? Pasemos al punto siguiente...

8. Deja correr el reloj

Piensa que las mejores inversiones y con menos riesgo son una apuesta a largo plazo, así que deja que el interés compuesto haga su magia. Las personas de éxito como Warren Buffett, que acumula una cantidad ingente de dinero, no lo consiguió de un día para otro, sino teniendo paciencia y dejando que el tiempo hiciera su trabajo.

Los primeros años no notarás demasiado la diferencia, pero a partir de un punto la curva se dispara hacia arriba. La acumulación de capital con las aportaciones que hayas ido haciendo, más los intereses aplicados, harán que la cuenta crezca cada vez más rápido.

Esta es la base de una buena inversión, pero para gestionarla correctamente hay algo más que debes tener en cuenta y que te explico en el siguiente punto.

9. Conócete a ti mismo

Es un buen consejo en todos los ámbitos, y hablando de inversión, también. Tienes que conocerte para saber muy bien cuánto riesgo puedes soportar. Incluso si inviertes a largo plazo con un riesgo moderado, cuenta con que va a haber caídas. De hecho, si miras atrás, la historia te garantiza que las va a haber.

¿Estás preparado para ver cómo tus inversiones se desploman y pierdes un montón de dinero? ¿Te va a entrar el pánico y lo venderás todo en el peor momento posible?

Te pongo un ejemplo: en marzo de 2020, al inicio de la pandemia, todos los índices se hundieron, la bolsa sufrió una caída y hasta las empresas más «seguras» perdieron gran parte de su valor. ¿Y qué pasó? Pues que muchos inversores se asustaron y vendieron en el peor momento posible.

Otros inversores, en cambio, vieron que los precios estaban bajos y salieron al mercado a comprar. Ese fue mi caso, invertí más dinero. Pasado un tiempo, todo se tranquilizó y el mercado volvió a estabilizarse. Los únicos que perdieron fueron los que no controlaron sus emociones y optaron por vender.

Es una de las normas básicas del mercado: compra barato, vende caro. Pero para eso hay que tener la cabeza fría.

10. Diversifica

Tipos de inversiones hay muchas, mi consejo es que no te quedes solo con una porque hay demasiado riesgo. Nunca pongas todos los huevos en la misma cesta, porque si se te cae, te quedas sin esa deliciosa tortilla con la que tanto soñabas. Ya hemos dicho que invertir nunca está exento de riesgos, por eso lo ideal es tener tu dinero bien repartido.

En mi caso, como puedes ver mi cartera de activos está bien diversificada:

- Tres fondos de inversión distintos.
- Inversión inmobiliaria.
- Diferentes negocios.

Con esto no digo que tú hagas lo mismo, pero saca el dinero del banco y empieza a ponerlo donde rinda. Y repito: ¡nunca pongas todos los huevos en la misma cesta!

Ejercicio

En el ejercicio de hoy quiero que imagines cómo va a ser tu cartera de activos diversificada. Apunta por dónde vas a empezar y qué vas a llevar a cabo más adelante cuando tus recursos lo permitan.

Día 29

Aprende a vender
o a venderte bien

La venta siempre ha estado mal vista. De hecho, según la generación a la que pertenezcas, es probable que te dijesen que si no servías para estudiar entonces servías para comercial, como si fuese algo negativo.

La realidad es que todos somos vendedores porque constantemente nos estamos vendiendo: en una entrevista de trabajo, cuando intentamos convencer a nuestra pareja de algo, etc. Así que esta habilidad es muy importante para tu éxito.

El primer fallo que veo es que solemos hablar de nosotros mismos «en pequeño». Somos demasiado modestos, y en vez de sacar a relucir nuestras fortalezas le damos más peso a nuestras debilidades. Por ejemplo: cuando alguien se presenta a nivel profesional, incluso si tiene un puesto importante, te lo dice con la boca pequeña, restándole importancia. Lo mismo sucede con los emprendedores, cuando se presentan te dicen: «Tengo una pequeña empresa que se dedica a...».

¿Realmente es necesario decir que tu empresa es pequeña? ¿O que la empresa para la que trabajas no es muy grande? No se trata de mentir, pero seguro que tu empresa tiene mil fortalezas con las que presentarte. Es como si en tu primera cita le dijeses a la otra persona que cuando comes legumbres tienes flatulencias, o que por la mañana tu aliento mata a cualquier ser vivo. ¿Verdad que no lo harías? Pues cuando te presentes profesionalmente tampoco deberías hacerlo. Tienes que aprender a venderte mejor.

Como ya hemos comentado, por lo general no nos gusta que nos digan lo que tenemos que hacer, por lo tanto las técnicas que te enseñaré para «saber vender» se basan en lo que llamo «Método Socrático en Ventas».

El filósofo Sócrates utilizaba la mayéutica, era su método para filosofar. En sus paseos por el ágora, cuando quería explicar un concepto filosófico a otra persona lo que hacía era preguntar sin parar. Pero no planteaba cualquier pregunta, sino que las seleccionaba con mucha inteligencia para conducir a su interlocutor hasta la idea que él quería. Pues bien, el Método Socrático en Ventas consiste en vender preguntando. Puede servirte para vender un producto o un servicio o para «vender una idea», convencer a alguien de algo.

Veamos el método paso a paso:

1. Establecer conexión personal

Hay estudios que demuestran que los mejores vendedores son aquellos que tienen conversaciones más informales y se interesan por la vida personal de su potencial cliente. Por lo que siempre es bueno empezar preguntando algo personal para que haya más conexión, como si tiene hijos, en qué trabaja, etc. Todo dependerá de cuál sea tu intención posterior.

2. Comprender su situación actual

Una vez se establezca esa conexión personal, todo es más fácil si observas que le caes bien; entonces es el momento de plantear preguntas sobre el motivo por el que os habéis reunido. Es decir, cuál es su mayor problema que tú o tu idea puede resolver.

3. Buscar datos concretos

Tras las preguntas sobre su situación actual, vamos a formular preguntas más concretas para obtener más datos. Por ejemplo, si es una persona que quiere perder peso: «¿Cuánto pesas y cuánto te gustaría pesar?».

Y si lo que le estamos vendiendo es una idea política, como que las pensiones deberían subir, entonces le preguntaremos: «¿Cuánto cobras de pensión?».

4. Causar dolor

Cuando explico este punto, a mucha gente no le gusta porque piensa que es muy macabro hacer sentir dolor a alguien, pero recuerda que lo hacemos por su bien, solo así podremos ayudarle. Aquí las preguntas van encaminadas a que se dé cuenta de la cruda realidad que está viviendo. Compramos más movidos por la emoción que por la razón, y por eso queremos que sientan ese dolor. Siguiendo los ejemplos anteriores, preguntaremos cómo está comprometiendo su exceso de peso a su vida familiar, a su salud, a la relación con su pareja, etc. O en el caso de las pensiones, cómo afecta emocionalmente cobrar una pensión tan baja. Queremos que nuestro interlocutor se abra y sienta ese dolor.

5. Llevar a la ilusión

Después de provocarles ese dolor, les haremos preguntas que les lleven a la ilusión de un posible futuro donde han conseguido lo que desean. Debes insistir más en el punto anterior que en este; de hecho, este tiene que ser casi de pasada, y nunca entres a explicar en detalle cómo puedes ayudarle, lo único que pretendemos aquí es que verbalice que quiere ese resultado. Si entramos en el detalle, lo que va a suceder es que perderemos esa emoción ligada al dolor, que es la que queremos mantener para que la persona pase a la acción.

6. Reconocimiento

Aquí buscamos que reconozca su situación. Simplemente repasaremos lo que ya nos ha contestado en las preguntas anteriores.

7. Compromiso

Una vez que ha reconocido su situación, aquí las preguntas irán encaminadas a que se comprometa con el cambio. Por ejemplo: «¿Cuándo quieres conseguir (lo que te haya dicho en el punto 5)?».

8. Solución/oferta

Es el momento de presentarle nuestra solución o nuestra idea, pero para esto deberás esperar a que tu interlocutor te pregunte cómo podrías ayudarle. Simplemente debes decirle que puedes ayudarle, y esperar a que te pregunte «cómo». Este punto es importante, aunque se haga un silencio incómodo, porque lo que pretendemos es que el otro asuma que te ha pedido ayuda. Psicológicamente no le estás vendiendo, sino respondiendo a una pregunta que él te han hecho previamente.

9. Oferta con incentivos

Esto es solo para el caso de que estés vendiendo algo tangible; si lo que estás «vendiendo» es una idea, nos quedaríamos en el punto anterior. Tras explicarle tu solución, siempre exponiendo los beneficios antes que las características, debes hacer una oferta con incentivos. Aquí utilizamos el gatillo mental de la escasez. La oferta solo está disponible si toma la decisión en ese mismo momento o antes de una fecha concreta.

10. Firma

A partir de ahí pide cerrar la transacción. Es algo que casi nadie concreta por miedo. Pero no hacerlo sería como correr una maratón y abandonar cuando te quedan diez metros. Cerrar el trato es tan fácil como decir: «¿Cuándo empezamos?».

En un mundo ideal la cosa acabaría aquí, firmáis y ya está, has logrado vender. La realidad es que, en la mayoría de los casos, justo en ese momento es cuando aparecen las objeciones. No te va a dar un sí pero tampoco un no, y tú lo que quieres es una respuesta firme, blanco o negro, no te sirve el gris. Aquí es cuando empieza la venta de verdad, todos los puntos anteriores eran el calentamiento.

Tienes que saber que toda objeción viene porque hay algo que no ha quedado claro, por lo tanto la respuesta a cualquier objeción es averiguar cuál es la duda.

Las objeciones más comunes en un proceso de venta suelen ser:

- No tengo el dinero.
- Ahora no es el momento.
- Necesito pensarlo.
- Tengo que consultarlo con mi pareja/socio/familia.

En ese momento, cuando aparecen las objeciones, es cuando tenemos que sacar nuestra munición. ¿Y cuál es? Todas las respuestas a las preguntas que has hecho antes. Te ha confirmado que quería hacerlo, y que quería hacerlo ya, te ha contado al detalle sus problemas y cómo esto afecta a su vida. Cuando vienen las objeciones tienes que recordárselo. También es el momento de preguntar si hay algo que no le ha quedado claro por lo cual tiene que pensárselo o no está comprando tu idea.

Cuando su objeción le lleve a posponerlo, debemos preguntar cuándo lo hará. Por ejemplo: «¿Cuándo lo vas a comentar con tu pareja?». Y acto seguido, en el caso de la venta, le proponemos otra llamada u otra visita de seguimiento una vez lo haya hecho.

Piensa que el 80 por ciento del éxito está en el seguimiento. Si no lo haces, habrás perdido tu tiempo.

Ejercicio

Selecciona una idea, producto o servicio que quieras vender y redacta un guion con todos los puntos que hemos visto hoy.

1.
2.
3.
4.
5.
6.
7.
8.
9.
10.

Día 30

Devuelve dinero a la sociedad

«El dinero te hace peor persona». A estas alturas ya sabes que esto es una creencia limitante. Cuando tienes dinero puedes hacer cosas maravillosas por los demás. Es evidente que para donar dinero lo primero es tenerlo, por lo tanto es algo que no podrías hacer siendo pobre.

Dar te ayuda a cumplir muchos hábitos y habilidades de las personas de éxito que hemos ido viendo a lo largo del libro. Por un lado la gratitud, porque dar es una forma de devolver a la sociedad la abundancia que la vida te está regalando. Es un método estupendo para agradecer.

También hemos visto que cuando das se activan las hormonas de la felicidad que tanto necesitas para tu éxito, y que según algunos estudios no hay mejor alegría que la de dar, pues esta dura más que la de recibir.

Por último, tu mentalidad lo es todo frente al dinero. No puede haber abundancia cuando hay una mente de escasez, porque atesorar dinero y no compartirlo te lleva a pensamientos de este tipo: «No tengo suficiente y por eso no doy» o «Cuando tenga más ya donaré». Con estos pensamientos el dinero no fluye, en cambio mira cómo resuena este: «Sé que el dinero viene a mí en abundancia y por eso doy una parte de lo que ya tengo». ¿Has observado el cambio de perspectiva?

No conozco mayor divulgador sobre el dinero que Robert Kiyosaki y él lo tiene muy claro cuando habla sobre cómo gestionar tu dinero con las tres huchas. La primera es el ahorro, ese dinero que vas a necesitar para una emergencia; la segunda es la inversión, y la tercera es la solidaridad, es decir, donar parte del dinero que tienes.

Respecto al pensamiento limitante de «No doy porque no tengo», te demostraré que la mayoría de las veces no es real; todos podemos ayudar, solo que no le prestamos la atención que se merece o nos ponemos excusas constantemente.

Voy a ponerte un ejemplo con la ONG que ya conoces: Idea Libre. Su cuota de socios mensual más baja es de doce euros al mes. Estoy segura de que para ti no supondría un problema, pero es que además poca gente sabe que en España, cuando haces la declaración de la renta, se te devuelve hasta un 80 por ciento de lo que has donado, por lo que esos doce euros en realidad se quedan en 2,40 euros al mes, menos de lo que cuesta un café en Starbucks. De los 144 euros que supone eso al año, te devuelven 115,20 euros. Donar esa cantidad es una forma estupenda de ahorrar. El dinero que te devuelven es un dinero que no vas a tocar durante al menos un año, y cuando lo recibas, como ya no contabas con él, puedes invertirlo y dejar que el interés compuesto haga su trabajo. Con los años te llevarás una grata sorpresa, porque ayudar te habrá generado muchos ingresos. Dar trae abundancia.

No solo se ayuda con dinero, sino también con tiempo. Mi madre no puede donar mucho dinero porque vive de una pensión de viudedad, pero en cambio es voluntaria de la Cruz Roja, dona su tiempo.

En la empresa, además de con dinero hemos colaborado también con nuestro tiempo organizando una charla gratuita para captar socios para la ONG o dando una charla sobre emprendimiento al poblado de Chumvi cuando fui a Kenia (creo que es la ponencia en la que he estado más nerviosa de toda mi vida).

Sea como sea, no te pongas excusas. ¡Da y recibe la alegría de dar! Te aseguro que te llevas más tú que quien lo recibe.

Ejercicio

Escoge una causa benéfica y dona dinero, aunque solo sea un euro. Muchas ONG tienen Bizum o aceptan donaciones puntuales por transferencia. Si no lo haces ahora que estás leyendo este libro, no lo vas a hacer después, así que no esperes y ¡hazlo!

Leer este libro no sirve para nada

Después de leer este título te estarás preguntando por qué no te lo he dicho antes. Ahora que has llegado al final, ¿resulta que no sirve para nada?

Podríamos añadir «si no» detrás del título para ser más específicos, porque no es que este libro no sirva para nada, sino que «no sirve para nada si no lo aplicas».

Son muchos los «supuestos expertos» que me encuentro en eventos que dan consejos gratuitamente y cuando les pregunto sobre sus resultados compruebo que estos dejan mucho que desear.

Da igual lo mucho que sepas sobre cómo conseguir el éxito si luego no lo pones en práctica. Por eso vamos a hacer un resumen no de lo que deberías aprender, sino de lo que ya deberías haber incorporado a tu día a día. Es todo lo que deseo para ti:

- Que sueñes muy fuerte todos los días de tu vida.
- Que nunca dejes de ponerte metas de éxito.
- Que te detengas cada pocos meses a planificar tu vida, tu éxito.

- Que uses tu tiempo sabiamente y que consigas un balance profesional/personal en el uso que haces de él.
- Que tengas claro tu porqué y nunca lo abandones.
- Que seas capaz de identificar cualquier pensamiento limitante que llegue a tu cabeza y lo sustituyas por afirmaciones positivas.
- Que cuando venga una crisis sepas ver las oportunidades dentro de la misma.
- Que dejes de poner el foco en los problemas y así encontrar soluciones.
- Que visualices tu futura vida de éxito cada día.
- Que te hayas atrevido a salir de tu zona de confort.
- Qué agradezcas cada día de tu vida por lo que ya tienes.
- Que estés celebrando cada logro y recompensándote por ellos.
- Que seas un gran «excelenciador».
- Que nunca dejes de aprender y sentir curiosidad.
- Que tengas una gran autoestima que te ayude en tu camino.
- Que tengas las pilas cargadas de energía cada día para poder dar el máximo de ti.
- Que tus hormonas te mantengan feliz y enfocado.
- Que estés leyendo a la gente y eso te ayude a entenderla mejor.
- Que hayas eliminado a esas personas tóxicas que te estaban robando energía y eran una barrera para tu éxito.
- Que ya tengas a tu tribu con la que compartir y colaborar.
- Que estés comunicando como las personas de éxito.

- Que hayas dejado aflorar tu verdadero yo y estés atrayendo a gente increíble gracias a tu autenticidad.
- Que tengas claro el propósito de vida que te dará dinero mientras estás con tu *hobby* y ayudas a los demás.
- Que si no has emprendido ya, hayas dado los primeros pasos para hacerlo en el futuro.
- Que las ideas estén fluyendo en tu mente con la mayor creatividad que has tenido nunca.
- Que tu nombre sea reconocido en tu sector gracias a tu marca personal.
- Que tengas una mentalidad de abundancia que atraiga el dinero a tu vida.
- Que pongas a trabajar tu dinero para que este se multiplique.
- Que sepas vender tus ideas.
- Que ya estés devolviendo a la sociedad un poco del dinero y la abundancia que la vida tiene preparada para ti.

¡Te deseo todo esto y mucho más!
¡Muchos éxitos!

JUDIT CATALÀ

Lecturas recomendadas

Alcaide Hernández, Francisco, *Aprendiendo de los mejores 2: Tu desarrollo personal es tu destino*, Alienta, 2018.

Bergeron, Ben, *Chasing Excellence: A Story About Building the World's Fittest Athletes*, Lioncrest Publishing, 2017.

Charuca, *Jefa de tu vida: Reflexiones y ejercicios para que tomes el mando de tu vida*, Penguin Random House, 2021.

Decker, Bert, *You've Got to Be Believed to Be Heard*, St. Martin's Press, 2008.

Duckworth, Angela, *Grit: El poder de la pasión y la perseverancia*, Urano, 2016.

Dweck, Carol S., *Mindset: La actitud del éxito*, Sirio, 2016.

Eker, T. Harv, *Los secretos de la mente millonaria*, Sirio, 2005.

Galán Bravo, Mónica, *Método Bravo: La herramienta definitiva (y divertida) para hablar en público de forma brillante en 5 sencillos pasos*, Alienta, 2018.

Goleman, Daniel, *Focus: Desarrollar la atención para alcanzar la excelencia*, Kairós, 2013.

Graziosi, Dean, *Millionaire Success Habits: The Gateway to Wealth & Prosperity*, Growth Publishing, 2016.

Hendricks, Gay, *The Big Leap: Conquer Your Hidden Fear and Take Life to the Next Level*, Harper Collins, 2009.

Lakhiani, Vishen, *El código de las mentes extraordinarias*, Edaf, 2017.

Martín Pérez, Víctor, *Desata tu éxito: Descubre los hábitos y la mentalidad que te permitirán conseguir todo lo que te propongas*, Alienta, 2017.

Pérez Rodríguez, Anxo, *Los 88 peldaños del éxito*, Planeta, 2014.

Ries, Eric, *El método Lean Startup*, Deusto, 2013.

Robbins, Anthony, *Poder sin límites: La nueva ciencia del desarrollo personal*, Penguin Random House, 2005.

Robinson, Ken, y Lou Aronica, *El elemento: Descubrir tu pasión lo cambia todo*, Penguin Random House, 2009.

St. John, Richard, *The 8 Traits Successful People Have in Common: 8 to Be Great*, Train of Thought Arts Inc., 2010.

Stanley, Thomas J., y William D. Danko, *El millonario de la puerta de al lado*, Obelisco, 2015.

Turienzo, Rubén, *Haz que suceda: Un sistema de herramientas revolucionario para alcanzar tus objetivos de una vez por todas*, Alienta, 2019.

Agradecimientos

Este libro no habría sido posible sin muchas personas que han pasado por mi vida.

Julien, *mon amour*, nunca he escuchado a nadie hablando de mí y de lo que iba a conseguir con la confianza que tú lo hacías cuando empezaba mi camino al éxito. Gracias por creer en mí más que yo misma. Nunca dudaste de que lograría todo lo que me propusiera.

Papá, me encantaría que estuvieses aquí. Sé que estarías muy orgulloso de mí, no por mis éxitos sino por la persona en la que me he convertido. Gracias por enseñarme tanto…

Gracias a mi familia, que me ha enseñado que los valores están por encima de cualquier éxito. A mis segundas madres, mi abuela y mi tía, por cuidarme con amor. A mi hermana porque no hay nadie en la tierra en quien confíe más. Y en especial a mi madre, la mujer más fuerte que he conocido nunca.

A mis amigos, que nunca han juzgado mis ideas locas y me han acompañado en mi incansable camino hacia el éxito. En especial a Vero, cuántos años repitiendo: «¡Pero ¿cuándo?!», hasta que un día llegó.

A todos aquellos nuevos amigos, colegas, competencia sana con la que he podido compartir tiempo, risas y consejos estos últimos años.

A mi equipo por ocuparse estos meses de la empresa, sin vosotros nunca habría tenido tiempo para escribir el libro. ¡Sois lo más!

También quiero dar las gracias a algunas personas que, aunque no lo saben y quizá ni se acuerden de mí, me hicieron entender mi camino:

A Manel, ese profesor que un día me dijo en el instituto: «Qué ganas tengo de que te vayas de aquí». Sabía que ese no era mi lugar.

A mi profesora de psicología social en la universidad, por ella nació mi interés por comprender qué diferencia a las personas de éxito de las que no lo son.

A aquel jefe que tuve con veintiún años, cuando trabajaba como azafata en la feria alimentaria, que me preguntó qué quería hacer en el futuro y por primera vez salió la palabra «emprender». Gracias por no mirarme como si fuese de otro planeta.

Gracias a Jeroni, mi exsocio en mi primer infoproducto, por introducirme en el apasionante mundo del desarrollo personal. Fuiste un gran maestro.

Gracias a mis mentores: Brendon Burchard, Jeff Walker, Sam Ovens, Grant Cardone y Russell Brunson.

Gracias a todos mis clientes y mis alumnos, seros útil me hace infinitamente feliz.

Gracias a mis editores, Alba y Carlos, por vuestro interés en que este libro saliese al mercado. Vuestros consejos han sido oro.

¡Gracias a la vida! Cada día es un regalo...

Un euro invertido en EDUCACIÓN al otro lado del mundo tiene el poder de mejorar a la sociedad entera.

La educación lo engloba todo y afecta a todo. Un niño/a con educación tiene el poder de mejorar la vida de toda una comunidad. EL IMPACTO ES ENORME.

Por eso Idea Libre, desde su escuela en Kenia, trabaja para dar la oportunidad de salir de la pobreza a los niños/as a través de la educación. Además, tienen proyectos de apoyo a la comunidad, acompañamiento y desarrollo personal. Y todo esto lo hacen gracias a gente como tú y como yo, que no miramos hacia otro lado.

Te doy las gracias, y también de parte de María Fábregas y Sandra Blázquez, porque al haber comprado este libro estás contribuyendo a hacer crecer este proyecto tan bonito. Los beneficios de derechos de autor que recaude con este libro irán íntegros a Idea Libre. Si quieres seguir colaborando puedes hacerlo en: <www.somosidealibre.org>.

SÍGUENOS EN REDES SOCIALES

Más de 400.000 personas ya lo hacen. ¡Únete!

 Judit Català - Ideas Empresa
youtube.com/user/ideasempresa

 Judit Català
facebook.com/JuditCatalaR

 @judit_cat
instagram.com/judit_cat

 Judit Català
linkedin.com/in/judit-catala

 @judit_catala
tiktok.com/@judit_catala

 @CatalaJudit
twitter.com/CatalaJudit

Ahora ya sabes todo lo que tienes que hacer para ser una persona exitosa. ¿Estás dispuesto/a a pasar a la acción?

Aquí te regalo una formación online donde te enseño en vídeo cómo conseguir todos tus objetivos. Apúntate para que te la envíe: <https://juditcatala.com/consigue-tus-objetivos>.

«Eres lo que haces y no lo que dices que vas a hacer».

CARL JUNG